Staats- und völkerrechtliche Abhandlungen.

Begründet
von
Dr. Georg Jellinek und **Dr. Georg Meyer,**

herausgegeben
von
Dr. Georg Jellinek und **Dr. Gerhard Anschütz,**
Professoren der Rechte in Heidelberg.

IV. 2. Die Staatslehre John C. Calhouns. Von Dr. Edward G. Elliott.

Leipzig,
Verlag von Duncker & Humblot.
1903.

Die

Staatslehre John C. Calhouns.

Von

Dr. Edward G. Elliott.

Leipzig,
Verlag von Duncker & Humblot.
1903.

Alle Rechte vorbehalten.

Pierer'sche Hofbuchdruckerei Stephan Geibel & Co. in Altenburg.

Vorwort.

Wie schon äufserlich zwischen den Verfassungen der zwei gröfsten Bundesstaaten, der Nordamerikanischen Union und dem Deutschen Reiche, mannigfache Ähnlichkeiten bestehen, so begegnen sich auch die Ansichten der amerikanischen und deutschen Theoretiker in vielen Punkten. Mag es auch auf den ersten Blick scheinen, als ob die Staatslehre Calhouns dem deutschen Recht ganz fern liege, so wird man doch bald eines anderen belehrt, wenn man sich in die Arbeiten des geistreichen Amerikaners einigermafsen vertieft hat; ja, man wird sogar finden, dafs zwischen den Gedankengängen Calhouns und denen manches deutschen Rechtsgelehrten — es sei hier nur M. v. Seydel erwähnt — nahe Verwandtschaft besteht. Auf diesen inneren Kontakt näher einzugehen ist hier nicht der Ort.

Hier sei nur noch erwähnt, dafs die vorliegende Arbeit zu Heidelberg im Seminar von Hofrat Professor Jellinek entstanden ist. Diesem meinem hochverehrten Meister spreche ich an dieser Stelle nochmals meinen aufrichtigen Dank aus für seine freundliche Unterstützung und die vielen Anregungen, die er mir sowohl ex cathedra wie im persönlichen Verkehr gegeben hat.

Möge die Arbeit die bescheidene Aufgabe, die sie sich gestellt hat, erfüllen.

Heidelberg, 16. Juli 1902.

                                                           Elliott.

Inhaltsverzeichnis.

Einleitung . . . . 1—3
  a) Der Zweck der Arbeit: Eine Darstellung und Kritik von Calhouns Lehre vom Staate, mit besonderer Rücksicht auf seine Theorie vom Bundesstaat.
  b) Die Methode der Ausführung:
   1. Die historische Entwicklung der Theorie von der juristischen Natur der Union mit Calhouns Beziehungen zu dieser Lehre.
   2. Eine Darstellung seiner allgemeinen Staatslehre, seiner Theorie vom Charakter der Union und die Folgerungen aus dieser Theorie mit einer Kritik derselben.

Erstes Kapitel . . . . 4—17
  Historische Entwicklung der Theorie vom Staate Amerika.
  1. Die Kolonialzeit bis 1774. Dreizehn rechtlich voneinander unabhängige Kolonien. — Verschiedene Versuche, die Kolonien zu vereinigen zum Zwecke des gemeinsamen Schutzes.
  2. Die Zeit der Kontinental-Kongresse 1774—1781. — Der Charakter der Kongresse revolutionär, und nur ratgebend. — Die Wirkung der Unabhängigkeitserklärung auf die Verhältnisse der Kolonien, bezw. Staaten zueinander.
  3. Die Union unter den Articles of Confederation 1781—1789. Ein Staatenbund aus souveränen Staaten bestehend. — Mifserfolg und Schwäche dieser Union, als Anlafs zur verfassungsberatenden Konvention. — Die zwei Parteien in der Konvention.
  4. Die Union unter der Verfassung 1789 bis zum Bürgerkriege, 1861. — Die politischen Parteien, Federalist und Republikaner, ihre Programme und die Umkehrung, welche sie erfuhren. Calhoun erscheint im Unterhause 1811 als Verteidiger der Union. — Die Änderung in seiner Meinung durch die Zolltarifgesetze von 1816, 1824, 1828. — Der Streit Süd-Karolinas mit der Union, 1833, unter seiner Führung. — Die Sklavenfrage und die Sklavenstaaten als Verteidiger der Staatenrechtetheorie. — Der Versuch,

im Bürgerkriege 1861—1865 Calhouns Theorien zu verwirklichen und die Erledigung der Frage dadurch.

Zweites Kapitel . . . . 18—40
Allgemeine Staatslehre.
1. Das Wesen des Staates. — Staat mit Volk identifiziert.
2. Die Rechtfertigung des Staates. — Der Staat begründet durch notwendige natürliche Eigenschaften der menschlichen Natur, die von Gott erhalten sind. — Gott als causa remota, die Natur als causa proxima; dazu kommt auch der Gesellschaftsvertrag.
3. Der Zweck des Staates. — Die Erhaltung und Vervollkommnung der Gesellschaft; die Erhaltung ist zweifacher Art, Aufrechterhaltung der Rechtsordnung und Schutz gegen Angriffe von aufsen. Vervollkommnung durch die Entwicklung der geistigen und moralischen Eigenschaften; diese Entwicklung bedarf der Freiheit und Sicherheit. — Macht und Freiheit in ihren gegenseitigen Beziehungen. Freiheit und Gleichheit und die Irrtümer betreffend beide.
4. Das Majoritätsprinzip. Seine Stelle in den Vereinigten Staaten zur Zeit Calhouns. — Die Gleichheit als einzige Berechtigung des Prinzips von Calhoun verneint. — Die Majorität ein ebenso absoluter Herrscher wie ein Monarch, gewöhnliche Mittel nicht ausreichend, Unterdrückung zu verhindern. „Concurrent" oder „Constitutional" Majorität als Heilmittel, ihre Wirkung, Kritik dieses Prinzipes der „Concurrent" Majorität.
5. Elemente des Staates.
a) Staatsgebiet.
b) Das Staatsvolk. Begründung der Volkssouveränität in Amerika.
c) Die Staatsgewalt. Mit der Souveränität identifiziert. Natur der Souveränität.

Drittes Kapitel . . . . 41—53
Die juristische Natur der Union. Abgeleitet
1. aus den geschichtlichen Vorgängen.
  a) Die Konvention und ihre Handlung.
  b) Die Annahme der Verfassung.
2. aus der Verfassung.

Viertes Kapitel . . . . 54—69
Die Folgerungen aus der Theorie Calhouns. — Dreiteilung der Gewalten in Union und einzelnen Staaten. — Delegierte und reservierte Befugnisse. — Staaten als Richter, um die Verfassungsmäfsigkeit der Gesetze zu prüfen.

Schlufs: Bedeutung und Einflufs Calhouns 69

Einleitung.

Es soll in dieser Arbeit ein Versuch gemacht werden, die Staatslehre John C. Calhouns systematisch darzustellen; viel ist über seine Theorie geschrieben und gesagt worden; häufig wird in der Literatur über die rechtliche Natur des Staatenbundes und Bundesstaates auf Calhoun hingewiesen[1], aber nie hat seine Lehre eine eingehende Behandlung und umfassende Darstellung erfahren. Dafs Calhoun es verdient gekannt zu sein, darüber kann kein Zweifel bestehen, wenn man sich erstens die grofse Bedeutung des Bundesstaatsbegriffes in dem Leben der modernen Staaten und zweitens die Tatsache vergegenwärtigt, dafs Calhoun der erste war, der die Möglichkeit eines Bundesstaates überhaupt geleugnet und seine Behauptung juristisch zu begründen versucht hat[2]. Diese Leugnung der Existenz des Bundesstaates, die logischen Konsequenzen, die Calhoun aus seiner Theorie folgerecht gezogen, und der Versuch, im Bürgerkrieg 1861—1865 diese Prinzipien zu verwirklichen, haben

---

[1] Z. B. Jellinek, Staatenverbindungen S. 188 ff., wo das Ausführlichste und Beste zu finden ist; von Seydel, Bundesstaatsbegriff, in der Zeitschrift für die gesamte Staatswissenschaft Bd. 28; was da gegeben wird, ist zum gröfsten Teil eine Wiederholung der Lehre Calhouns. Rüttiman, Das nordamerikanische Bundesstaatsrecht verglichen mit den politischen Einrichtungen der Schweiz S. 62 ff. Brie, Bundesstaat S. 192 ff. Robert v. Mohl, Die Geschichte und Litteratur der Staatswissenschaften Bd. I S. 568—573. Hänel, Studien I, S. 1—27.

[2] Tucker, Blackstones Commentaries, 1803, und Rawle, View of the constitution, 1828 waren Vorgänger Calhouns in der Behauptung der Vertragsnatur der Union und des Rechts auf Sezession; das allgemeine Problem aber hatten sie nicht berührt.

nicht am wenigsten dazu beigetragen, dem Bundesstaatsbegriff in der modernen Wissenschaft einen bestimmten Platz zu sichern.

Nach einem langen Leben und heifsen politischen Kämpfen schrieb Calhoun kurz vor seinem Tode das Buch, welches als Grundlage einer Darstellung seiner Theorien angesehen werden mufs — nämlich „A Disquisition on Government" und „A Discourse on the Constitution and Government of the United Staates"[1]. In dem ersten Teil hat er seine Grundgedanken über den Staat im allgemeinen niedergelegt, stets aber mit Rücksicht auf die Vereinigten Staaten; der zweite behandelt insbesondere die rechtlichen Beziehungen zwischen der Union und den einzelnen Staaten: die Frage nämlich, ob ein Staatenbund oder ein Bundesstaat vorhanden sei. Es ist bewundernswert, mit welcher Schärfe Calhoun seine Grundgedanken, die in der ersten Schrift entwickelt sind, in seiner zweiten Abhandlung auf die Union anwendet. Für uns ist natürlich seine letztgenannte Schrift von gröfserer Bedeutung und Interesse; ohne Kenntnis der ersten Schrift ist aber die zweite nicht gut verständlich.

Um die volle Bedeutung von Calhouns Lehre zu erfassen, wird es ferner notwendig sein, eine kurze Skizze der Lehre vom rechtlichen Charakter der Union, wie sie sich entwickelt hat, zu entwerfen: es gilt also eine Schilderung zu geben, wie aus dreizehn rechtlich voneinander unabhängigen Kolonien durch die Drangsale eines mit der Wildnis und mit Indianerstämmen fortwährend im Kampfe stehenden Lebens, wie durch die Schrecken einer Revolution und des nun folgenden langjährigen Befreiungskrieges, und schliefslich durch die Gefahr vor den gegenseitigen Streitigkeiten eine neue Art von Union entstand, welche mit der Zeit immer mehr das Gefühl der Anhänglichkeit zu der Union konzentrierte. Es wird notwendig sein, zu zeigen, dafs

---

[1] Als erster Band seiner sämtlichen Werke erst nach seinem Tode erscheinen, von Richard K. Kralle herausgegeben.

Calhoun einer von jener Minorität war, die seit der Annahme der Verfassung die ausgesprochene Unabhängigkeit der Einzelstaaten der festeren Zentralisation im Bundesstaat vorgezogen hat, wie ferner zu diesen politischen Bestrebungen noch die Sklavenfrage trat, bis endlich die Staatenrechte und die Sklaverei im Verlauf des Kampfes geradezu gleichbedeutend wurden und beide im furchtbaren Bürgerkrieg ihr Ende fanden.

Die Betrachtung der Theorien Calhouns zerfällt in drei Teile, welche wir „allgemeine Staatslehre, juristische Natur der Union und Folgerungen aus seiner Theorie" genannt haben.

Diesen Hauptteilen unserer Abhandlung schicken wir, wie schon erwähnt, eine kurzgefaſste geschichtliche Skizze voraus.

Erstes Kapitel.

Historische Entwicklung der Theorie vom Staate in Amerika.

Bei einer Betrachtung der historischen Entwickelung der Theorie vom Staate in Amerika ist es zweckmäfsig, eine Teilung in vier Perioden vorzunehmen. 1. Die Kolonialzeit bis 1774. 2. Die Zeit der „Continental Congresses," 1774—1781. 3. Die Union unter den „Articles of Confederation" 1781—1789. 4. Unter der heutigen Verfassung 1789 bis zu dem Bürgerkrieg 1861.

1. Die Zeit der Kolonien.

Die dreizehn Kolonien Englands in Amerika, die die künftigen Vereinigten Staaten bildeten, waren von Anfang an nur durch das gemeinsame Band der englischen Untertanschaft miteinander rechtlich verbunden. Ihr Verhältnis zum Mutterland aber kam zum Ausdruck in drei verschiedenen Formen[1]. Die Kolonien waren in Provincial[2], Proprietary[3] und Charter[4] Kolonien eingeteilt, je nachdem ob der Gouverneur einfach vom König ernannt wurde

---

[1] Story, On the constitution of the U. S. Boston 1858. Vol. I, p. 107 ff., §§ 159—161, Curtis, History of the constitution of U. S. London 1854. Vol. I p. 3 ff. Calhoun Works I p. 189—190.

[2] New Hampshire, New York, New Jersey, Virginia, North und South Carolina und Georgia.

[3] Maryland, Pennsylvania und Delaware.

[4] Massachusetts, Rhode Island, und Connecticut.

oder von einem „Proprietor", Eigentümer, den der König dazu ermächtigt hatte, oder ob sie Charters, verbriefte Rechte, besafsen, nach welchen ihre Regierung organisiert war.

Trotz dieser Ähnlichkeit in der Organisation waren sie voneinander rechtlich unabhängig, soziale Bande in Form der Sprache, Religion und Nationalität waren aber vorhanden und übten einen bedeutenden Einflufs auf das Vorgehen der Kolonien aus.

Schon vor der Revolution waren mehrere Versuche[1] gemacht worden, die Kolonien in rechtliche Beziehung zueinander zu bringen: die erste aller Unionen war die der vier „United colonies of New-England", welche im Jahre 1643 begründet wurde. Vier Kolonien vereinigten sich unter den „Articles of Agreement" zum gemeinsamen Schutze gegen fremde Nationen und gegen die Indianer, und zu dem Zwecke auch, dafs sie nicht nur durch die Gemeinschaft der Nationalität und Religion, sondern auch in anderen Beziehungen als Einheit erscheinen und sich bewahren könnten[2].

Die Tätigkeit der Konförderation war unbedeutend; die Kommissionsmitglieder versammelten sich zum letzten Male, 1684, kurz bevor die Charters der Kolonien aufgehoben wurden. Nach der Vertreibung Jakobs II. und der Wiedererwerbung der Charters bestand die Union nicht mehr. Was an ihr bemerkenswert war, sind die Bestimmungen betreffend die Auslieferung der flüchtigen Sklaven und den gegenseitigen Vollzug richterlicher Urteile, beide Vorläufer der Verfassung von 1789[3]. Während der folgenden Zeit fanden mangelhafte Kongresse der Gouverneure oder Vertreter der Kolonien statt, veranlafst durch die Notwendigkeit gemeinsamer Verträge mit den Indianern und der gemeinsamen militärischen Unternehmungen. Der

---

[1] Vgl. Foster, On the Constitution Vol. I § 4 p. 13 ff.
[2] Hart, Introduction to the Study of Federal Government p. 50 ff. und die da angegebene Literatur.
[3] Hart a. a. O. p. 52.

bedeutendste wurde in Albany im Jahre 1754 abgehalten, woran sechs Kolonien teilnahmen. Der Plan Franklins, obwohl von dem Kongreſs gebilligt, wurde von England als zu demokratisch und von den Kolonien als eine zu groſse Stärkung der Prärogative[1] abgelehnt. Aber immerhin fand den Vorschlägen Franklins gemäſs eine Vertretung und Wahl, der proportionellen Gröſse jeder Kolonie entsprechend, statt; hier findet man die erste Anwendung dieses Prinzipes in einer Konföderation seit der antiken Zeit[2]. Wäre der Entwurf selbst in Kraft getreten, dann hätte die Bundesgewalt die Befugnisse gehabt, Verträge abzuschlieſsen, Handel und Bundesfinanz zu regulieren, Krieg zu erklären und Frieden zu schlieſsen.

In dem „Stamp Act Congress" zu New-York 1765 waren neun Staaten vertreten, zum Zwecke, einen Protest zu veranstalten, nicht aber eine Union zu gründen.

2. Die Zeit der „Continental Congresses". 1774—1781.

Der erste dieser Kongresse im Juni 1774 hatte ähnliche Zwecke wie der „Stamp Act Congress"; alle Kolonien auſser Georgia waren vertreten; eine „Declaration of Rights" wurde formuliert und eine „Non Importation Association" gegründet; jede Kolonie, der Zahl ihrer Vertreter ungeachtet, hatte eine Stimme. Jedes Mitglied gab seine Unterschrift[3] für sich und die Kolonie die es vertrat. Ein zweiter Kongreſs wurde empfohlen und dieser trat am 10. Mai 1775 in Philadelphia zusammen; am 19. April hatte der Zusammenstoſs bei Lexington stattgefunden. Die

---

[1] Foster a. a. O. p. 14.
[2] Hart a. a. O. p. 52.
[3] Hildreth, History of the United States Vol. III, p. 46. The signature of the association by the members of Congress may be considered as the commencement of the American Union. Stephens, Constitutional view of the war Vol. I p. 57. It was determined to be a Congress of separate, distinct political bodies. In all its deliberations each Colony was to be considered as equal, and each was to have an equal vote and voice upon all questions coming before it. Foster a. a. O. p. 17.

anderen Kolonien waren durch gemeinsame Interessen mit Massachusetts verbunden, und der Kongrefs nahm die Leitung der gemeinsamen militärischen, finanziellen und auswärtigen Angelegenheiten der Kolonien in seine Hand; stillschweigend stimmten die Kolonien zu; die Befugnisse des Kongresses waren nur durch seine tatsächliche Fähigkeit, sie durchzusetzen, begrenzt. Seine Autorität war revolutionär und faktisch, nicht juristisch[1]. Dieser Kongrefs verkündigte nach einem Jahre die Unabhängigkeitserklärung und während der folgenden fünf Jahre fungierte er als Bundesorgan. Die Notwendigkeit einer permanenten legalen Organisation der Staaten war dringend und schon im Jahre 1777 wurden die „Articles of Confederation" von dem Kongrefs angenommen und kurz darauf den Staaten zur Genehmigung vorgelegt; sie waren aber erst 1781 von allen Staaten ratifiziert und in Kraft getreten.

Es wurde der Versuch gemacht, namentlich von Story a. a. O. p. 137—154 und von v. Holst, Verfassung und Demokratie in Amerika, 1873 Bd. I. S. 3 ff., zu beweisen, dafs unter den „Continental Congresses" und durch die Unabhängigkeitserklärung ein einheitliches Volk, eine einheitliche Nation geschaffen wurde, die den Staaten zeitlich vorangegangen sei, und welche die souveräne Gewalt hatte; dafs dieser Zustand auch unter den „Articles of Confederation" fortexistierte und seine endgültige Ausprägung in dem einleitenden Passus der heutigen Verfassung „Wir, das Volk der Vereinigten Staaten" u. s. w. gefunden hat; dafs endlich infolgedessen die Staaten nie, weder vor noch nach der Annahme der heutigen Verfassung souveräne Staaten gewesen seien.

Es liegt aufserhalb unserer Aufgabe, dieser Behauptung

---

[1] Fiske, American Revolution p. 132. 243. It (the Continental Congress) was a body which wielded no technical legal authority; it was but a group of committees, assemblad for the purpose of advising with each other regarding the public weal. — Citiert bei Curry, The Southen States of the American Union, Richmond, Va. 1895 p. 64.

eine eingehende Untersuchung zu widmen. Sie ist aber entschieden abzulehnen. Sie stammt, wie es scheint, aus einer Rede Patrick Henrys, die in dem ersten „Continental Congress" gehalten wurde, wo er die Ansicht vertrat, dafs die Kolonialregierungen nicht mehr beständen, dafs das ganze Volk als eine unorganisierte Masse aufzufassen sei und sich im Naturzustand befände, dafs infolgedessen das Volk durch die Anwesenden im Kongrefs, als der Zahl nach vertreten, angesehen werden soll[1].

Es ist das eine Theorie, die den geschichtlichen Ereignissen jener Zeit widerspricht; bis zur Ratifikation der Verfassung behielt jeder Staat seine Stellung als gleichberechtigtes Mitglied der Union; jeder hatte eine Stimme unter der revolutionären Regierung der Kongresse und während des Bestehens der „Articles of Confederation."

Der Kongrefs, anstatt souverän zu sein, war blofs eine Versammlung der Vertreter der Staaten, die an ihre Instruktionen gebunden waren; die Individualität der Staaten kam klar zum Ausdruck, indem die Vertreter für ihre eigenen Staaten allein Handlungen vornehmen konnten.

Der Kongrefs konnte jede politische Mafsregel, jedes Gesetz empfehlen, aber nichts befehlen; die Ausführung hing von der Willkür der Staaten ab.

Ferner steht die Theorie direkt im Widerspruch mit den Bestimmungen der „Articles of Confederation", in welchen erklärt wird, dafs jeder Staat seine Souveränität, Freiheit und Unabhängigkeit behält[2].

Die von Story und v. Holst vertretene Lehre ist als ganz verfehlt zu betrachten, ihre Entstehung und der Wunsch, sie in der Wissenschaft aufrecht zu erhalten, können nur aus zu grofsem Eifer, die Staatenrechte-Theorie zu widerlegen, erklärt werden.

---

[1] Curtis a. a. O. Vol. I p. 15 Note 3. Vgl. Stephens, Constitutional View of the Late War. Vol. I p. 60 ff., wo die Theorie Storys eine umfangreiche Erörterung erfahren hat.

[2] Articles of Confederation Art II.

3. The Articles of Confederation 1781—1789.

Mit der Annahme dieser „Articles" hat die revolutionäre Periode in dem juristischen Leben der Vereinigten Staaten ihren Abschluſs gefunden. Man kann sagen, daſs eine Union irgend welcher Art vielleicht schon seit dem ersten, zweifellos aber seit dem zweiten „Continental Congress", 1775, vorhanden war. Diese Union beruhte auf keiner juristischen Basis, die Staaten standen in keinem juristischen Verhältnis zueinander.

Sie waren allerdings durch gemeinsame Interessen so eng miteinander verbunden, die Hilfe eines jeden war dem andern so unentbehrlich, daſs sie faktisch es für notwendig und ratsam hielten, ihre gemeinsamen Angelegenheiten durch ein gemeinsames Organ, den Kongreſs, führen und vertreten zu lassen, die Grundlage dieser Union war eine soziale, faktische, revolutionäre, die sich juristisch nicht konstruieren läſst. Erst mit der Organisation unter den „Articles of Confederation" haben wir mit einer Union zu tun, welche sich einer juristischen Konstruktion fähig erweist.

Die Natur dieser Union ist sehr leicht festzustellen. Artikel II der „Articles" lautet: Jeder Staat behält seine Souveränität, Freiheit und Unabhängigkeit, jede Kompetenz und jedes Recht, welche durch die Konföderation nicht ausdrücklich den Vereinigten Staaten, im Kongreſs versammelt, übertragen sind.

Artikel III sagt: die Staaten treten hierdurch miteinander in einen festen Bund (League) der Freundschaft. Art. V: Bei der Entscheidung von Fragen „in den Vereinigten Staaten, im Kongreſs versammelt," hat jeder Staat eine Stimme. Art. IX bestimmt unter anderem, daſs alle wichtigen Fragen nur mit Zustimmung von neun Staaten entschieden werden können, und nach Art. XIII war, um eine Änderung der Artikel vorzunehmen, die Genehmigung des Kongresses und die Ratifikation durch die Legislaturen aller Einzelstaaten erforderlich.

Aus diesen Bestimmungen ergibt sich das unbestreitbare Resultat, dafs die Union ein Staatenbund war — ein Bund, der auf völkerrechtlichem Vertrag ruhte und worin ein gemeinsames Organ, aus Vertretern der einzelnen Staaten bestehend, zur Ausübung der von den Staaten übertragenen Rechte eingesetzt war. Dieses Organ war mit allerlei Befugnissen, aber mit keiner Gewalt ausgestattet. In diesem Bunde behielten die Staaten ihre Souveränität unvermindert.

Schon bei der Gründung dieser Union mufste die Schwäche ihrer Organisation auffallen [1]. Doch war die neugewonnene Form ein bedeutender Fortschritt in den zwischenstaatlichen Verhältnissen; trotz des Festhaltens der einzelnen Staaten an ihrer Unabhängigkeit gegenüber der Union, und obwohl sie keine höhere Einheit über sich anerkennen wollten, — zumal nach der erfolgreichen gegen die englische Oberhoheit gerichteten Revolution, blieben sie sich doch dessen bewufst, dafs es ohne ein gemeinsames Vorgehen nicht gelungen wäre, sich von dieser Herrschaft loszumachen; ja, es wirkte sogar die Erinnerung an die englische Herrschaft nach, und schliefslich trat noch die Überzeugung hinzu, dafs ohne eine Union die Errungenschaften der Revolution nicht auszunutzen waren. Übrigens ist wohl anzunehmen, dafs es kaum einem Staate eingefallen wäre, sich von den andern ganz zu trennen. Nichtsdestoweniger wollten sie keine starke Zentralregierung, die vielleicht imstande wäre, die zu unterdrücken, wie das Mutterland es getan hätte.

Aus diesen entgegengesetzten Bestrebungen — auf der einen Seite das Bedürfnis nach Einigung, auf der anderen die Tendenz, die Souveränität der Staaten aufrechtzuerhalten — war die Union entstanden [2].

---

[1] Vgl. Story, Vol. I Chap. 3 u. 4 p. 161—185 für eine Betrachtung der Bestimmungen der Articles of Confederation und ihrer Fehler. Federalist no. 15 p. 77 ff. Ed. 1826. Foster Vol. I, p. 6 ff.

[2] Vgl. Dicly, The Law of the Constitution 2nd. Edition p. 128 ff.

Aber der Partikulargeist war zu rege, als daſs eine starke und gedeihliche Union hätte begründet werden können. Erst nach einigen Jahren eines schmählichen Zustandes der Schwäche und der Erniedrigung unter den „Articles of Confederation" wurde es möglich, die Staaten zu veranlassen, ihre ursprüngliche Selbständigkeit soweit zu opfern, daſs sie eine mit Herrschermacht ausgerüstete Zentralregierung über sich dulden wollten, — jedoch wurde das nur nach hartem Kampfe mit geringer Majorität durchgesetzt.

4. Annahme der Verfassung 1789, bis zum Bürgerkrieg 1861.

Nach dem Miſserfolg der „Articles of Confederation" und einer Anregung seitens Virginia folgend, sah sich der Kongreſs bewogen, eine verfassungsberatende Konvention aus Vertretern der Staaten im Jahre 1787 in Philadelphia zu berufen. Der Beschluſs des Kongresses bestimmte als Zweck der Konvention, bloſs Änderungen in den „Articles of Confederation" vorzunehmen. Später werden wir uns mit der Frage, ob die Konvention sich an ihre Instruktion hielt, eingehend zu beschäftigen haben; begnügen wir uns hier damit zu sagen, daſs es in der Konvention zwei Parteien mit entgegengesetzten Ansichten über die Natur der künftigen Union gab, und daſs diese Parteien als Förderalisten und Republikaner kurz nach der Ratifikation der Verfassung im politischen Leben auftraten [1].

Die Förderalisten fanden ihren genialsten Gegner in Alexander Hamilton; sie betrachteten die Union als ein neues Gemeinwesen, als etwas von der alten Union und den „Articles of Confederation" verschiedenes. Sie waren sich der verderblichen und der verhängnisvollen Schwäche der früheren Union wohl bewuſst und behaupteten, daſs nur in einer starken Zentralregierung die Sicherheit

---

[1] Vgl. Alexander Johnston, History of American Polities.

und die Wohlfahrt aller zu finden sei; sie wollten sich nicht an den Buchstaben der Verfassung gebunden wissen, sondern verlangten eine freiere Interpretation der Verfassung, um dadurch die Zentralregierung zu stärken. Indem dieser Partei die Aufgabe zufiel, die neue Union ins Leben zu rufen, erhielt sie Gelegenheit, ihre Theorie in die Praxis zu übertragen. Dies tat sie denn auch in der Gesetzgebung, besonders in den Gesetzen betreffend das Finanz- und Gerichtswesen des Bundes.

So weit ging sie in ihrer Tendenz nach einer starken Zentralregierung, dafs dadurch eine Reaktion gegen sie hervorgerufen wurde. Der Partikularismus war noch lebendig und wurde von der republikanischen Partei mit Jefferson an der Spitze vertreten. Selbst die Republikaner betrachteten bei den Verhandlungen der Konvention die Union als etwas Neues, wollten aber eine Strikt-Interpretation der Verfassung, eine enge Begrenzung der Sphäre der Union gegenüber den Staaten.

In den „Kentucky und Virginia Resolutions", 1798 und in dem Bericht von Madison, 1800, verliefs die republikanische Partei ihren früheren Standpunkt und bestand auf der vertragsmäfsigen Natur der Union, der Souveränität der Staaten und der Unmöglichkeit eines Richters über die vertragschliefsenden Parteien und folgerte daraus das Recht jedes Staates, über die Verfassungsmäfsigkeit aller Gesetze der Union zu entscheiden[1].

---

[1] Foster p. 120 Kentucky Resolutions, wie ursprünglich von Jefferson verfafst. „Where powers are assumed which have not been delegated, a nullification of the act is the rightful remedy; that every state has a natural right in cases not within the compact (casus non foederis) to nullify of their own authority, all assumptions of power by others within their limits; that without this right they would be under the dominion, absolute and unlimited, of whosoever might exercise this right of judgment for them." p. 121 Virginia Resolutions. „That this Assembly doth explicitly and peremptorily declare that it views the powers of the Federal Government as resulting from the compact, to which the States are parties, as limited by the plain sense and intentions of the instrument constituting that compact; as no further valid than they are authorized by the grants enumerated in that compact; and that in case of a deliberate, palpable

IV. 2. 13

Das sind die Behauptungen, in welchen wir die Vorläufer und Grundlagen der späteren Lehren von den Staatsrechten, von der Nullifikation und Sezession, wie diese Lehren von Calhoun theoretisch ausgeführt sind, erblicken können.

Die Theorie Calhouns war in weit gröfserem Mafse auf diese Resolutionen, als auf die Verfassung der Union basiert.

Mit dem Siege der Republikaner wurde Jefferson zum Präsidenten gewählt; — er fand es weder möglich noch auch vorteilhaft, eine Umwälzung der ganzen Regierung vorzunehmen, wie es das Programm seiner Partei verlangte. Durch den Kauf Louisianas erstreckte er die Befugnisse der Union weit über den Rahmen einer Strikt-Interpretation der Verfassung. Er selbst ging weiter als der radikalste Föderalist es gewagt hätte. Von dem ersten Kongrefs an sind fortwährend Drohungen der Sezession zu verzeichnen[1]; zuerst kamen sie von den Republikanern und fanden ihren klarsten Ausdruck in den Resolutionen von 1798; später aber bei dem Kaufe Louisianas und dem Kriege von 1812 wurde die Doktrin von den ehemaligen Föderalisten aufrecht erhalten. In solchem Grade hatten sich die Verhältnisse verändert, dafs, obwohl die Namen blieben, die Programme der Parteien eine vollständige Umwälzung erfuhren.

Die Ansichten, welche zum Sturze der Machtstellung der Föderalisten in der Union geführt hatten, bildeten innerhalb der folgenden zehn Jahre leitende Grundsätze der siegreichen Politik der Republikaner, und das, was den Föderalisten 1800 als Hochverrat erschien, ist seit 1812 von ihnen in energischer Weise vertreten worden.

Dabei darf nicht vergessen werden, dafs die Parteien

---

and dangerous exercise of powers not granted by the said compact, the States, who are the parties thereto, have the right, and are in duty bound to interpose for arresting the progress of the evil, and for maintaining within their respective limits, the authorities, rights and liberties appertaining to them."

[1] Vgl. Foster p. 116 ff. für Behauptungen des Rechtes der Sezession.

geographisch verteilt waren; so kamen die Drohungen der Sezession wie von den Föderalisten im Norden, so auch von den Republikanern im Süden, Massachusetts sowohl wie Virginia behauptete das Recht der Sezession, je nach dem die Interessen beider es für nützlich gezeigt hatten.

Dafs man sich diese Drohungen mit Sezession gefallen liefs, ist auf den Partikularismus der Staaten zurückzuführen, wonach der einzelne Staat von gröfserer Bedeutung war als die Union, die von manchen mit Verdacht und Mifstrauen angesehen war; das Bestehen der Union war im Bewufstsein des Volkes noch nicht zum Heiligtum geworden, das kam erst mit der Zeit; je mehr die Union sich bewährte, desto mehr wuchs das Zutrauen zu ihr.

Der Krieg von 1812—1815 war von einer ganz aufserordentlichen Bedeutung für den Aufschwung des Nationalgefühls und ist für uns von besonderem Interesse, weil Calhoun 1811 im Unterhaus erscheint, und als eines der hervorragendsten Mitglieder den Präsidenten zur Kriegserklärung fast zwingt und dabei den Impuls zu einem Nationalgefühl gibt, das seine spätere Lehre zu tilgen vergebens versucht hat.

Es ist höchst interessant, einen Blick auf seine Stelle betreffend die Union zu dieser Zeit zu werfen; als „chairman of the committee on foreign affairs"[1] übte er einen bedeutenden Einflufs auf den Verlauf des Krieges: er war es, der zuerst eingesehen hat, dafs der Krieg nur glücklich zu Ende gebracht werden könne, wenn eine Flotte angeschafft werden würde.

Nach Beendigung des Krieges war sein Anteil an der Gesetzgebung, welche sich infolge des Krieges mit sehr wichtigen Fragen zu befassen hatte, nicht minder bedeutend. Das Tarifgesetz von 1816, welches das Prinzip eines Schutzzolles enthielt, wurde von ihm unterstützt. Er selbst brachte den Gesetzentwurf für die Gründung einer Nationalbank

---

[1] Vorsitzender des Komitees für auswärtige Angelegenheiten.

ein und sprach sich als Freund von „Internal Improvements" aus[1]. Um die Frage, ob die Maſsregeln verfassungsgemäſs waren, ob es in der Kompetenz der Union lag, solche Gesetze zu erlassen, hat er sich nicht gekümmert; er erklärte sogar, daſs er kein Vertreter einer genauen und engen Auslegung der Verfassung sei, seiner Ansicht nach wäre der Gegenstand (die Verfassung) nicht dazu bestimmt, daſs der Logiker an ihm wie an einer These seinen Scharfsinn üben könnte; sondern man solle an die Auslegung der Verfassung mit einem gesunden Menschenverstand herantreten[2].

Es ist merkwürdig, daſs in seinen späteren Jahren Calhoun gerade das Gegenteil in diesen Fragen vertreten hat — gewiſs nicht ohne den Vorwurf einer Inkonsequenz, — und daſs nach 1828 niemand fester an den Wortlaut der Verfassung hielt als er. Niemand wollte die Kompetenz der Union enger abgrenzen.

Man darf aber diesen Meinungswechsel nicht einem charakterlosen Streben nach politischen Ehren und Ämtern zuschreiben. Die neue Ansicht ist ohne Zweifel seine feste Überzeugung geworden; der Grund dieser Überzeugung ist in der ganzen Lage der Südstaaten und ihrem Verhältnisse zu der Sklavenfrage zu suchen.

Mit einem auſserordentlich klaren Blick in die Zukunft sah er den unvermeidlichen Streit zwischen den ökonomischen Verhältnissen der Nord- und Südstaaten, dessen Ursache zum gröſsten Teil die Sklaverei zu sein scheint, voraus. Um diesen Streit zu Gunsten der Südstaaten zu entscheiden, hielt er sich an die Verfassung, um daraus die Existenzberechtigung der Sklaverei, — diese „peculiar Institution" —

---

[1] Innere Verbesserungen, d. h. Strafsenbauten, Fluſskorrekturen u. s. w.
[2] Calhoun, Works Vol. II p. 192. I am no advocate for refined arguments on the constitution. The Instrument was not intended as a theses for the logician to exercise his ingenuity on. It ought to be construed with plain good sense. Vgl. John C. Calhoun, von v. Holst in American Statesmen Serie, für eine Biographie.

zu schöpfen; er fand sie in der Theorie der „State-rights," der Staatenrechte, wie sie von Jefferson in den „Kentucky und Virginia Resolutions" und später von Tucker in seinem Kommentar zu Blackstone ausgeführt worden war; diese zwei hatten für die erwähnte Theorie die Bahn gebrochen, es blieb Calhoun vorbehalten, die äufsersten Konsequenzen daraus zu ziehen. Zwar wufste er immerhin, dafs er in der Minorität war, dafs seine Theorie nicht die herrschende war; dennoch behauptete er sie mit unermüdlicher Energie fast dreifsig Jahre hindurch.

Mit dem fortwährenden Steigen der Zolltarife von 1824, 1828 und 1832 wurde der Gegensatz zwischen Norden und Süden immer klarer; es schien Calhoun, als ob die Südstaaten, die Ackerbaustaaten, die Sklavenstaaten, der Nordstaaten, der Industriestaaten wegen, mehr und mehr ausgebeutet würden, und, wenn der Prozefs fortdauerte, sie bald zu Grunde gehen müfsten. Um das zu verhindern, versuchte er, nachdem alle Hoffnung einer Herabsetzung des Tarifs verloren war, als Bundessenator von Südkarolina im Jahre 1833 seine Theorie der Nullifikation in der Praxis durchzusetzen; daraus ist der berühmte Konflikt Südkarolinas mit der Union entstanden. Das energische Vorgehen Präsident Jacksons und der hartnäckige Widerstand des Staates führten fast zum bewaffneten Konflikt, der nur durch einen Kompromifs, demzufolge der Tarif allmählich herabgesetzt wurde, vermieden wurde.

Calhoun hätte sich wohl über das Resultat freuen können, weil, wenn eine der beiden Parteien den Sieg gewonnen hatte, es zweifellos Südkarolina gewesen war.

Von jetzt an trat die Sklavenfrage immer mehr in den Vordergrund, bis Calhouns ganze Weltanschauung von ihr beherrscht wurde; alle seine Gedanken und Handlungen waren auf sie gerichtet. Seiner ganzen Erziehung nach stand er auf Seite der Sklaverei; ihm schien es unbedingt notwendig, dafs ein Mittel für die Aufrechterhaltung dieser Institution vorhanden sein sollte; dafs jedem Staat die Möglichkeit gegeben werden sollte, sich gegen die Angriffe der Union zu schützen.

Dieses Schutzmittel suchte er jedoch nur in der Verfassung, welche ihm ebenso lieb war, als dem eifrigsten Gegner seiner Theorie; er klagte nur darüber, daſs man an der Verfassung der Väter nicht festgehalten hatte; er wollte, daſs man zurückkehre zu dem, was ursprünglich gemeint war. Man darf nicht glauben, daſs Calhoun eine Aufhebung der Union wünschte; im Gegenteil, er wollte vor allem das Bestehen der Union gewahrt wissen, aber nur solch eine Union, wie er selbst sie aus der Verfassung herauslas. So weit ist er davon entfernt, den Niedergang der Union herbeizuwünschen, daſs er sogar behauptete, seine Auffassung sei die alleinige, die die Union aufrecht halten könne.

Die Drohungen der Sezession kamen nunmehr von den Südstaaten allein; die Nordstaaten wuchsen schnell an Bevölkerung und Reichtum; die Opposition gegen die Sklaverei wurde immer heftiger und damit wurde das Gefühl, daſs die Union unzertrennlich sei, immer stärker. Die Stärke selbst zeigte sich erst mit dem Anfang des Krieges, der den Streit über die Natur der Union ein für allemal erledigt hat[1].

---

[1] Foster p. 61: The United States are a nation. The Union is not a league, and can not be dissolved except by a revolution. These are principles which have been established by the adjudication of the courts the action of Congress and the executive, the acquiescence of the States and the arbitrament of war.

Zweites Kapitel.
Allgemeine Staatslehre.

Die Grundgedanken Calhouns allgemeiner Staatslehre sind von ihm in seiner Schrift „A Disquisition on Government"[1] eingehend ausgeführt; doch ist „A Discourse on the Constitution and Government of the United States" nicht aufser Betracht zu lassen, obwohl dies letztere sich hauptsächlich mit der juristischen Natur der Union beschäftigt; zuletzt sind auch die Reden[2] Calhouns zur Ergänzung seiner Lehre heranzuziehen.

Wir wollen zunächst die Betrachtung des Wesens des Staates, wie es Calhoun aufgefafst hat, uns zur Aufgabe machen.

1. Das Wesen des Staates

ist etwas Objektives, Tatsächliches; es ist mit dem Volke identisch[3]. Das Volk ist souverän[4] und verkörpert in sich die Staatsgewalt, deren Ausübung freilich auf die durch die Verfassung ins Leben berufene Regierung zum gröfsten Teil übertragen wird.

---

[1] The works of Calhoun. Vol. I.
[2] A. a. O. Vol. II, III, IV, VI.
[3] A. a. O. Vol. I p. 130. For it was the several States, or, what is the same thing, there people, in there sovereign capacity, who ordained and established the constitution. State kann auch Regierung bedeuten. Vgl. Vol. VI p. 146.
[4] Vol. I p. 190 ff. Jellinek, Das Recht des modernen Staates, S. 128—129.

Das gilt wenigstens von dem demokratischen Staate und diese Staatsform, wie er sie in den Vereinigten Staaten verwirklicht zu finden glaubte, ist es, deren Wesen Calhoun bespricht.

2. Die Rechtfertigung des Staates.

In der Beantwortung der Frage nach der Rechtfertigung des Staates, wie nach dem Wesen des Staates, ist Calhoun nicht über die Grenzen der herkömmlichen Theorie seiner Zeit gegangen. Zwei Voraussetzungen[1] nimmt er als selbstverständlich an; erstens dafs der Mensch von Natur ein zur Gesellschaft bestimmtes Wesen sei, dafs er nie in einem anderen als in dem gesellschaftlichen Zustand gefunden worden sei und dafs es ihm nicht möglich wäre, aufserhalb der Gesellschaft zu leben; zweitens dafs die Gesellschaft ohne „Government" nicht existieren kann. Diese Behauptung beruht auf allgemeiner Erfahrung, weil es in keinem Lande und zu keiner Zeit eine Gesellschaft ohne „Government" irgend welcher Art gegeben hat. Obwohl der Mensch als Gesellschaftswesen so erschaffen worden ist, dafs er Gefühl hat für das, was seine Nächsten betrifft, so ist doch dies Gefühl nicht so intensiv wie für seine persönlichen Interessen[2]. Mit anderen Worten, sein individuelles Interesse verdrängt das Interesse für seine Mitmenschen.

Gerade diese Eigenschaft aber führt zu einem Konflikt zwischen einzelnen Individuen, schliefslich zu einem allgemeinen Konflikt, welcher, wenn er nicht vermieden oder beseitigt wird, in einem Zustand allgemeinen Kampfes und allgemeiner Verwirrung, mit Vernichtung der Gesellschaft und ihrer Zwecke endigt. — Die Macht aber, die

---

[1] Calhoun Vol. I p. 1. 2.
[2] A. a. O. p. 2. 3. A. a. O. p. 4. This controlling power where ever vested, or by whom so ever exercised, is government.

allen diesen Übeln entgegentreten soll, heifst Government, Regierung, Staat[1].

Der Staat hat also seine Begründung in jener zweifachen Beschaffenheit der menschlichen Natur; der Gesellschaftstrieb als causa remota, die persönliche Selbstbehauptung des Individuums als causa proxima.

Staat und Gesellschaft sind eng miteinander verbunden; die Gesellschaft ist von primärer Bedeutung, sie geht voran und hat den höheren Zweck — nämlich das menschliche Geschlecht zu erhalten und zu vervollkommnen. Dahingegen hat der Staat die Aufgabe, die Gesellschaft zu erhalten und zu vervollkommnen. Beide sind für die Existenz und Wohlfahrt des Menschen unentbehrlich und beide sind gleicher Weise von Gott bestellt[2].

Der Staat aber, obwohl er der Erhaltung und der Vervollkommnung der Gesellschaft dient, enthält in sich ein Element, welches ohne regelnde Macht gerade das Gegenteil von seinem wahren Zweck herbeiführen würde. Dies ist eben jene den Staat heischende Eigenschaft der menschlichen Natur. Die Befugnisse eines Staates können nicht unmittelbar zum Ausdruck kommen; sie bedürfen immer menschlicher Vermittelung. Verfassung im weitesten Sinne des Wortes bedeutet also jene Einrichtung, durch welche die Herrschenden verhindert werden, die zur Erhaltung der Gesellschaft bestimmten Befugnisse zu ihrer Unterdrückung zu mifsbrauchen.

---

[1] A. a. O. p. 5.
[2] p. 5. Both are, how ever, necessary to the existence and wellbeing of our race, and equally of Divine orgin. p. 6 u. 7. To the Infinite Being, the Creator of all, belongs exclusively the care and superintendence of the whole. He, in his infinite wisdom and goodness, has alloted to evervy class of animate beings its condition and appropriate function; and has endowed each with feelings, instincts, capacities and faculties, best adapted to its allotted condition. To man he has assigned the social and political state, as best adapted to develope the great capacities and faculties, intellectual and moral with which he has endowed him; and has accordingly, constituted him, so as not only to impel him in to the social state, but to make government necessary for his preservation and well being.

Die Verfassung steht in demselben Verhältnis zum Staate, wie der Staat zur Gesellschaft; erst beide zusammen erreichen ihren Zweck; zwischen Staat und Verfassung jedoch besteht ein grofser Unterschied; der Staat hängt so wenig von freier Willkür und Belieben ab, wie das Atmen; hier ist keine Wahl gelassen; die Notwendigkeit zwingt die Menschen dazu. Die Verfassung hingegen ist ein Akt des menschlichen Willens, und wegen der Unvollkommenheit seiner Natur hat der Mensch niemals, und wird vielleicht auch niemals eine vollkommene Verfassung schaffen können. Diese ist eine menschliche Erfindung, jene ein göttliches Gebot. Der Mensch vollbringt, was Gott angeordnet[1].

Hier sehen wir die alten Vorstellungen aus der Naturrechtslehre fortbestehen. Das war zu erwarten, da die ganze Staatstheorie in Amerika von dieser Lehre beherrscht war, einer Lehre von einem vorstaatlichen Zustand, worin die schlechten Eigenschaften der menschlichen Natur freien Spielraum finden und bald zur Vernichtung der Rasse führen, falls eine kontrollierende Macht, eben die Macht des Staates, nicht hinzutritt. Calhoun schildert uns nur den Zustand des Konfliktes und der Verwirrung, aber näheres über den Prozefs der Entwicklung einer zur Vermeidung dieser Übel nötigen Staatsgewalt sagt er nicht[2]. Ein staatloser Zustand wäre unerträglich und stände im Widerspruch mit der gesellschaftlichen Tendenz des Menschen, deshalb mufs an seine Stelle eine Staatsgewalt treten; die staatliche Herrschaft ist etwas Notwendiges, Natürliches; in der Natur des Menschen finden wir die

---

[1] p. 7 u. 8.
[2] Doch spricht er gelegentlich vom Gesellschaftsvertrag; z. B. Vol. VI p. 138. It seems to be a settled maxim with many that a majority has the right to govern inherently and absolutly; with outh reflecting that in a State of nature, no man has a right to govern another with out his consent; and that the right of the majority, under the social compact, to govern, is derived selely from the actual or supposed consent of those who constitute the community.

causa proxima für die Begründung des Staates; diese natürlichen Eigenschaften aber hat der Mensch von Gott erhalten — (und wie wir oben gesehen haben, zweckmäfsig erhalten)[1] so finden wir in Gott die causa ultima des staatlichen Gemeinwesens.

Ob der Staat etwas Vernünftiges sei oder nicht, das ist aus der Weisheit Gottes abzuleiten. Vernünftig oder unvernünftig ist gleichgültig; der Staat steht als eine notwendige Erscheinung im menschlichen Dasein da, und deshalb mufs man ihm Gehorsam zollen.

Die Form des Staates aber ist eine ganz andere Frage. In dem freien Ermessen des Menschen liegt es, die äufsere Organisation des Staates zu bestimmen. Nach freiem Willen setzt er die Verfassung, die Staatsform fest. Der einzige Weg einer Willensvereinbarung mehrerer Menschen ist der Vertrag; auf diesem Wege schaffen die Menschen ihre Staatsform, ihre Regierung, und es ist immer in ihrer Macht, beliebig diese Staatsform zu ändern[2].

3. Der Zweck des Staates.

In der Erörterung der Frage nach der Rechtfertigung des Staates haben wir schon den Zweck des Staates erwähnt — nämlich die Erhaltung und die Vervollkommnung der Gesellschaft[3].

Die Erhaltung der Gesellschaft ist zweifacher Art[4]: erstens Schutz gegen Ungerechtigkeit, Verletzung und Anarchie nach innen; zweitens gegen Angriffe von aufsen.

---

[1] Vgl. No. 9.
[2] Vol. VI p. 63. By nature, every individual has the right to govern himself; and governments, whether founded on majorities or minorities, must derive there right from the assent, expressed or implied, of the governed, and be subject to such limitations as they impose. Vgl. Die Unabhängigkeitserklärung.
[3] Vol. I p. 7. But government, although intended to protect and preserve ... p. 51. 52 These (d. h. the ends for which government is ordained), as has been stated, are twofold; to protect, and to perfect society.
[4] p. 52 ff.

Wenn der Staat einem von diesen beiden Zwecken nicht gerecht wird, dann verdient er den Namen des Staates nicht. Die andere Hauptaufgabe des Staates: die Vervollkommnung der Gesellschaft, ist durch die Entwicklung geistiger und moralischer Eigenschaften zu erreichen; diese Entwicklung bedarf aber der Freiheit und der Sicherheit.

Freiheit ist nichts Absolutes, sondern etwas Relatives: sie ist die Möglichkeit, die jedem gegeben ist, seine eigenen Interessen und sein eigenes Glück zu fördern, wie er will, insoweit es mit dem Zwecke des Staates in Einklang steht; die individuelle Freiheit ist das, was der Staat, nachdem er mit der für die Erfüllung seines Zweckes nötigen Macht ausgerüstet ist[1], den Einzelmenschen zur selbständigen Betätigung überläfst.

Um seinen Zweck zu erfüllen, um sich gegen Anarchie und gegen Eingriffe von aufsen zu schützen, bedarf der eine Staat einer gröfseren Macht wie der andere, und infolgedessen geniefsen seine Bürger viel weniger Freiheit. Die Verhältnisse zwischen Macht und Freiheit werden durch physische und geistige Bedingungen bestimmt. Ein Staat bedarf wegen seiner geographischen Lage mehr Machtmittel, wie ein anderer, dessen Grenzen den feindlichen Angriffen nicht in demselben Mafse ausgesetzt sind; ein dritter, obwohl gegen andere geschützt, bedarf schon wegen der politischen Unreife seines Volkes einer gröfseren Macht, und so geniefsen seine Bürger weniger Freiheit. Politische Reife ist die Hauptbedingung der Freiheit. Ein politisch unreifes Volk, mit Freiheit ausgestattet, würde sie bald verlieren und der Anarchie anheimfallen. Es ist möglich, dafs ein Volk weniger Freiheit, als es verdient, geniefst, aber nie umgekehrt.

Die Freiheit ist kein natürliches, sondern ein erworbenes

---

[1] p. 33. To the former d. h. power, there must ever be allotted, under all circumstances, a sphere sufficiently large to protect the community against danger from with out and violence and anarchy with in. The residuum belongs to liberty.

Recht[1]: sie ist der höchste Preis, nach dem ein Volk streben kann. Freiheit zu geniefsen ist der höchste Lohn eines würdigen, sie zu entbehren die gerechteste Strafe eines unwürdigen Volkes. Die Freiheit ist wohl ein Segen, weil sie dem Fortschritt und der Verbesserung des menschlichen Geschlechts dient. Der Schutz des Individuums jedoch ist ein noch gröfserer Segen, weil sein Zweck die Erhaltung und die Fortdauer des menschlichen Geschlechts ist. Wenn die beiden miteinander in Konflikt kommen, mufs die Freiheit weichen, weil die Existenz der Rasse von gröfserer Wichtigkeit ist als ihre Verbesserung.

Calhoun behauptet, dafs, wenn das Wesen der Freiheit falsch aufgefafst wird, daraus ein anderer Irrtum unbedingt folgen mufs, nämlich, dafs Freiheit und Gleichheit in solchen Beziehungen zueinander stehen, dafs volle Freiheit ohne volle Gleichheit nicht existieren kann.

Wahr ist es, dafs Freiheit und Gleichheit sich wechselseitig gewissermafsen bedingen: alle Bürger sollen gleich berechtigt sein, aber absolute Gleichheit in allen Hinsichten als Bedingung der Freiheit vorauszusetzen ist nichts anderes als eben die Freiheit selbst und die Möglichkeit des Progresses zu vernichten. Ungleichheit der Lebensverhältnisse ist eine notwendige Konsequenz der Freiheit und zu gleicher Zeit unentbehrlich für den kulturellen Fortschritt. Die Haupttriebfeder des Fortschrittes ist der Wunsch jedes Individuums, seinen Zustand zu verbessern, was am besten erzielt wird, wenn jedem die Möglichkeit gesichert ist, seine Interessen beliebig zu fördern, insoweit der Zweck des Staates dies erlaubt. Infolge der Ungleichheit in den individuellen Eigenschaften und Fähigkeiten unter den Menschen wird es immer auch eine entsprechende Ungleichheit in den Zuständen geben müssen. Um eine Ungleichheit

---

[1] p. 55. It follows, from what has been stated, that it is a great and dangerous error to suppose that all people are equaly entitled to liberty. It is a reward to be earned, not a blessing to be gratuitously lavished on all alike.

herbeizuführen mufs man den Befähigtsten Schranken setzen oder ihnen die Früchte ihrer Arbeit rauben. Das erste zu tun heifst die Freiheit vernichten, das zweite, das Motiv einer Verbesserung des Zustandes wegnehmen. Diese Ungleichheit zwischen den befähigten und den minder befähigten Klassen, wobei die ersteren ihre Stelle zu behalten und die zweiten in die vordere Reihe zu dringen suchen, ist der gröfste bleibende Anstofs zum Fortschritt.

Die falsche Auffassung von dem Verhältnis zwischen Freiheit und Gleichheit hat ihren Ausgangspunkt in der falschen Vorstellung, dafs alle Menschen frei und gleich geboren sind. Nichts kann falscher sein als diese Auffassung; von welchem Standpunkt immer sie auch betrachtet sein mag, widerspricht sie dem, was wir unmittelbar aus den Erfahrungen wissen. Die grofse Verbreitung dieser falschen Idee ist nur dadurch zu erklären, dafs sie mit einer anderen verwechselt wird, die zwar auf den ersten Blick der Wahrheit ähnlich sieht, im Grunde aber nicht weniger falsch ist; nämlich mit der Idee, dafs alle Menschen im Naturzustand gleich sind, wo ein vorstaatlicher, vorgesellschaftlicher Zustand fingiert wird, in welchem es jedem frei stehen soll, sich zu benehmen wie es ihm gefalle, befreit von der Autorität oder Kontrolle anderer Menschen.

Dieser Zustand ist aber unmöglich, er hat nie existiert und konnte nie existieren, er steht im Widerspruch mit der Erhaltung und der Fortdauer des menschlichen Geschlechts; unter allen möglichen Zuständen verdient er am wenigsten den Namen „the State of nature", der natürliche Zustand des Menschen ist gesellschaftlich und politisch, für diesen Zustand war er von Gott bestimmt und in diesem allein kann er das menschliche Geschlecht erhalten und vervollkommnen. Da dieser natürliche Zustand nie existiert hat, so folgt, dafs die Menschen nicht frei und gleich geboren sind [1].

---

[1] p. 56 ff.

Was die Lehre vom Zwecke des Staates anbelangt, d. h. seine Bestimmung zum Schutze der Gesellschaft gegen Ungerechtigkeit und Anarchie nach innen und gegen Angriffe von aufsen, und zu ihrer Vervollkommnung durch geistige und moralische Entwicklung, so können wir, wenn sie mit dem Mafsstabe der heutigen Staatslehre gemessen sein soll, mit Calhoun übereinstimmen[1].

Hier sehen wir in der allgemeinen Staatslehre, wie sie sich in Amerika entwickelt hat, den ersten Versuch, eine selbständige Theorie aufzustellen. Es ist ein Versuch, durch das Wesen der Freiheit und der damit verknüpften Idee der Gleichheit das Majoritätsprinzip umzustürzen und an seine Stelle das Prinzip der „concurrent" Majorität zu setzen und schliefslich diese „concurrent" Majorität auf die Union anzuwenden, was mit dem Untergang der Einzelstaaten gleichbedeutend sein mufste.

Die Freiheit ist, wie wir gesehen haben, das was dem Individium zusteht, nachdem sich der Staat mit aller nötigen Gewalt ausgerüstet hat. Die Freiheit ist keine ursprüngliche, an der Natur des Menschen als solche haftende Eigenschaft, kein angeborenes Recht, wie Locke behauptet hat und wie in den „bills of rights" der einzelnen Staaten und in der Unabhängigkeitserklärung ausgesprochen wurde, deren Ein-

---

[1] Jellinek a. a. O. S. 228: „Ausschliefslich dem Staate zugehörig ist der Schutz der Gesamtheit und ihrer Glieder, damit auch des eigenen Gebietes gegen äufsere Angriffe". S. 229: „Aber nicht nur nach aufsen, auch nach innen werden Funktionen gefordert und anerkannt werden müssen, deren Zweck auf die Erhaltung des Staates und die Integrität seiner Wirkungsweise geht ... In aller Staatstätigkeit ist ein Element, das die Erhaltung und Stärkung des Staates selbst bezweckt. Erhaltung und Förderung der eigenen Existenz und des eigenen Ansehens ist somit einer der Zwecke, die dem Staate gemäfs seinen von unserem Zweckbewufstsein gebilligten Funktionen gesetzt sind. Dieser Zweck ist der erste und letzte, seine Erfüllung innerhalb bestimmter Schranken die Bedingung gedeihlicher staatlicher Tätigkeit überhaupt". Vgl. Calhoun, Vol. I p. 10. Self-preservation is the supreme law, as well with communities as individuals. Jellinek S. 236: „Staatliche Selbstbehauptung, Sicherheit und Machtentfaltung, Rechtsetzung und Rechtsschutz, Kulturförderung haben sich uns als Staatsaufgabe ergeben ... Das höchste Prinzip für die gesamte Staatstätigkeit ist aber die Förderung der fortschreitenden Entwicklung der Volksgesamtheit und ihrer Glieder."

fluſs in den Vereinigten Staaten vorherrschend war[1]. Calhoun verneint die unveräuſserlichen Rechte der Menschen. Seine Theorie ist ein energischer Protest gegen die Prinzipien der Naturrechtes und gegen die Lehre vom Staate, die darauf basiert ist. Die Gleichheit wird verneint. Der Charakter, der für sie von der naturrechtlichen Schule in Anspruch genommen wurde, ist als unlogisch und widerspruchsvoll dargestellt; und zu gleicher Zeit folgt die Verwerfung des ganzen Naturzustandes, aus welchem allein die Freiheit und Gleichheit als angeborenes natürliches Recht abgeleitet werden könne[2]. Obwohl Calhoun an dieser Stelle sich so entschieden gegen einen Naturzustand vorstaatlichen Charakters erklärt, setzt er doch in seiner Begründung des Staates diesen Zustand voraus und an mehreren Stellen bedient er sich unversehens dieses Begriffes[3].

Dieser Widerspruch ist folgenderweise zu erklären: Erstens müssen wir uns vor Augen halten, daſs „A Disquisition on Government" etc. kurz vor seinem Tode geschrieben war und vom Verfasser keine weitere Bearbeitung erfahren hat. Ein zweiter und tiefer liegender Grund des Widerspruches scheint mir aber in der Tatsache zu liegen, daſs Calhoun, trotz der Verneinung des Naturzustandes, von der Naturrechtslehre in der ganzen Entwicklung seiner theoretischen Ansichten über den Staat so mächtig beeinfluſst worden war, daſs es ihm unmöglich wurde, sich auf einmal von ihr zu emanzipieren; das Naturrecht steht in seinem Bewuſstsein so fest eingewurzelt, daſs es unwillkürlich gewissermaſsen seinen ganzen Ideengang beeinfluſst. Wo er die Konsequenzen der Lehre klar erkennt und wo er sieht, daſs es nicht möglich ist, seine eigene Theorie auf ihr aufzubauen, da spricht er sich unzweideutig als ihr

---

[1] Doch spricht er Vol. I p. 60 von Rechten des Individuums, rights and liberty of individuals, welche der Staat nicht berühren darf, d. h. subjektive Rechte.
[2] p. 58. But such a state is purely hypothetical. It never did, nor can exist; it is inconsistent with the preservation of the race.
[3] Vgl. S. 6 Anm. 1 u. 3.

Gegner aus; wo aber das nicht der Fall ist, wo diese scharfe Unterscheidung fehlt, und die Konsequenzen dieser Lehre nicht so klar auf der Hand liegen, da verirrt er sich unwillkürlich und unbewußt in die alte Lehre hinein.

Nachdem wir nun die Verneinung der Freiheit und Gleichheit als absoluter Rechte bei Calhoun als einen der Grundgedanken seiner Theorie festgestellt haben, wenden wir uns zur Betrachtung einer Lehre vom Majoritätsprinzip, zu dem Teil seiner Schrift, der als der geistreichste und genialste gelten darf.

4. Das Majoritätsprinzip.

Um einen richtigen Begriff von der Bedeutung des Standpunktes Calhouns in dieser Frage zu bekommen, muß man sich klar vor Augen halten, daß zu seiner Zeit die Theorie, daß die Herrschaft der Majorität unwiderstehlich und gerecht sei, immer mehr und mehr die herrschende in den Vereinigten Staaten wurde. In dem Streit zwischen den Nord- und Südstaaten, den Frei- und den Sklavenstaaten, hat sich die Majorität entschieden auf der Seite der Nordstaaten gezeigt. Durch ihre ganze Lage als die reichste an Bevölkerung, an geistigen und materiellen Mitteln, war diese Majorität imstande, ihrer Theorie von der Herrschaft einer Majorität, ihrer eigenen Herrschaft, allgemeine Anerkennung zu verschaffen. Natürlich war die Tendenz dieser Majorität nicht nach einer Berücksichtigung der Minorität gerichtet; selbst die Schutzmittel, die der Minorität durch die Verfassung gesichert waren, wurden nicht allzuviel beobachtet[1].

Calhoun, als einer der Vertreter der Minorität, welche durch die Politik der Majorität sehr viel zu leiden hatte, erhebt einen Protest gegen sie, — er sucht ein Befreiungs-

---

[1] Man bedenke nur „the fugitive-slave laws".

mittel für sich selbst, für seine Partei, und für die Südstaaten. Deshalb ist es ohne Kenntnis der tatsächlichen Verhältnisse jener Zeit unmöglich, die volle praktische Bedeutung der Theorie Calhouns zu begreifen. Calhoun sah mit fast prophetischem Blick den kommenden Konflikt und die Nutzlosigkeit eines Widerstandes von Seiten der Südstaaten voraus, solange man an dem absoluten Majoritätsprinzip festhielt. Überzeugt von der Gerechtigkeit der Sklaverei und ebenso der Rechte der einzelnen Staaten, diese „peculiar institution" nach eigenem Ermessen zu regeln, wandte er sich mit seiner ganzen Energie und seinem Scharfsinn zur Lösung dieses Problems, — er suchte nach einer Lösung, die in dem Nationalbewufstsein Anerkennung finden sollte, er beruft sich auf die Verfassung der Union selbst. Die einzig mögliche Rechtfertigung des Majoritätsprinzipes ist allein in der Gleichheit aller Menschen zu finden[1]. In einem Staate, wo alle gleich gestellt sind und wo infolgedessen die Gesetze in gleichmäfsiger Weise auf alle einwirken, da wäre eine Herrschaft der Majorität gerecht und vernünftig[2]; dies wäre aber nicht die wirkliche Herrschaft der Majorität, weil die Ungleichheit der Interessen und die Verschiedenheit der Meinungen eine Voraussetzung des Prinzips bilden, ohne welche Einstimmigkeit herrschen würde. Die Gleichheit aber verneint Calhoun. Jeder ist, wie er sagt, mit Kräften, Eigenschaften und Befugnissen ausgestattet, die verschieden von denen jedes anderen sind, und die, wenn sie in der realen Welt Anwendung finden, eine Ungleichheit in den materiellen Verhältnissen schaffen, derzufolge eine ungleiche Wirkung der Gesetze stattfindet.

---

[1] Calhoun Vol. I p. 28. Bryce, American Commonwealth Vol. II p. 345—346. Jellinek, Das Recht der Minoritäten S. 27: „Der ganze Gedanke der Mehrheitentscheidung beruht auf der Vorstellung durchgängiger innerer Einheit des Volkes. Die naturrechtlich-demokratische Idee der völlig gleichwertigen Individuen liegt ihm zu Grunde. Unter gleichwertigen Individuen kann es aber vernünftigerweise kein anderes Entscheidungsmittel geben als die Gröfse der Zahl."
[2] Calhoun Vol. I, p. 15 ff.

Eine gleiche Wirkung der Gesetze auf alle ist aber das Allernötigste, um die Freiheit zu gewährleisten. Unter der Herrschaft der Majorität ist das unmöglich; das Wesen der menschlichen Natur, nach welcher jeder ein höheres Interesse für sein eigenes als für fremdes Wohl hat, bestimmt die Handlungsweise der Majorität sowohl wie die des Individuums. Das hat die Folge, dafs die Gesetze, die von der Majorität erlassen sind, die Interessen der Majorität auf Kosten der Minorität fördern[1].

Es ist der Hauptfehler des Majoritätsprinzips, dafs der Wille der Majorität schliefslich für den Willen aller gehalten wird[2], und ihr Wohl für das allgemeine Wohl — ein verderbliches Prinzip, wodurch die Minorität vernichtet werden kann und vernichtet wird, wenn die Majorität nicht daran verhindert ist.

Das erste und beste Mittel, um diejenigen, die mit den Herrschaftsbefugnissen ausgerüstet sind, zu verhindern, diese Befugnisse im eigenen Interesse auszuüben, statt im Interesse der Allgemeinheit, ist das allgemeine Wahlrecht[3]; dieses allein aber vermag nicht das Gewünschte herbeizuführen — es kann nur die Herrschaft aus den Händen weniger in die Hände des Volkes bezw. der Majorität übertragen. Es kann die Gewählten den Wählern gegenüber verantwortlich machen, — nicht mehr.

Es ist auch nicht zu erwarten, dafs die Prefsfreiheit, oder die allgemeine Bildung[4], oder die Teilung der Gewalten oder die Bestimmungen einer geschriebenen Verfassung[5] die Majoritätsherrschaft zu einer andern als zu einer absoluten machen könnten. Alle diese Prinzipien

---

[1] p. 22. 23.
[2] p. 27. 29. The first and leading error which naturally arises from over looking the distinction referred to (nämlich zwischen absolute und concurrent majority), is, to confound the numerical majority with the people; and this so completely as to regard them as identical.
[3] p. 13 ff.
[4] p. 73 ff.
[5] p. 31 ff.

haben ihre Bedeutung und ihren Einfluſs; sie sind tatsächlich Mittel, um die Majorität an der willkürlichen Ausübung ihrer Macht zu verhindern, jedoch nur zeitweilig — nicht dauernd, weil sie die Natur des Menschen nicht ändern können, — das Endresultat können sie hinaus schieben, nicht beseitigen; — die egoistischen Eigenschaften siegen doch am Schluſs. Monarchie, Aristokratie und Demokratie, — worunter Calhoun die Republik als eine konstitutionelle Demokratie im Gegensatz zu einer absoluten Demokratie versteht, sind die drei bekannten Staatsformen, die entweder absolut oder konstitutionell sind. Von der Zahl der Herrscher hängt es nicht ab, ob sie absolut oder konstitutionell sind — wohl aber von dem Umstande, daſs in dem „Organismus", in der Form der Regierung, in der Verfassung selbst die Möglichkeit gegeben ist, die natürliche Tendenz nach Unterdrückung des Volkes von dem Machthaber zu verhindern. Daſs diese Tendenz in der Herrschaft der Majorität vorhanden ist und daſs sie nicht auf dem gewöhnlich vorgeschlagenen Wege beseitigt werden kann, ist schon dargetan. Es bleibt nur noch die Frage übrig, wie dieses Resultat zu erreichen sei. Hier stellt Calhoun seine eigene Theorie von der „concurrent" oder „constitutional" Majorität auf[1].

Um die Wirkung des Gesetzes auf alle gleichmäſsig zu gestalten, um zu vermeiden, daſs der eine unterdrückt, während dabei der andere erhoben wird, schlägt Calhoun zweierlei Auswege vor: entweder soll jede Interessengruppe im Staate das Recht haben, bei Zustandekommen eines jeden Gesetzes mitzustimmen, so daſs ohne ihre Zustimmung kein Gesetz zustande kommen kann; oder es soll jede Interessengruppe ein Veto gegen die Ausführung aller Gesetze haben.

Es ist vorauszusetzen, daſs die Mitglieder jeder Interessen-

---

[1] p. 24 ff. 28. I call it the constitutional majority, because it is an essential element in every constitutional government.

klasse dieselben Interessen haben, soweit die gesetzgebende Tätigkeit des Staates in Betracht kommt; und obwohl sie untereinander die verschiedensten Interessen haben können, so können sie doch ruhig die Entscheidung der Majorität ihrer Mitglieder überlassen, weil sie alle gleichmäfsig von den Gesetzen getroffen werden. Es ist immer nur Macht, welche einer andern Macht Widerstand leisten kann; alle andern Mittel erweisen sich gegenüber der Majorität als unwirksam. Infolge derselben menschlichen Naturanlage, welche die Tendenz nach Unterdrückung zeigt, wird ein erfolgreicher Widerstand geleistet, wenn dies auf friedlichem und gedeihlichem Wege geschehen kann.

In diesem Recht des Widerstandes liegt der Unterschied zwischen einem absoluten und zwischen einem konstitutionellen Staate[1]; in jenem ist es die Macht, brutale, physische Macht, die in letzter Instanz zu entscheiden hat, in diesem ist es der Ausgleich, der Kompromifs[2].

Durch dieses Prinzip des Kompromisses wird alles auf friedlichem Wege erledigt, — jede Interessenklasse wird wohl wissen, dafs ihre Interessen unantastbar sind, wird sich sicher fühlen und statt des Hasses, den die Minorität immer gegen die Majorität hegt, wird ein gegenseitiger Wunsch, dem andern einen Gefallen zu tun, herrschen, weil sie dadurch ihre eigenen Interessen am besten fördern können[3]. Durch dies Gefühl der Harmonie und Sicherheit wächst eine moralische Stärke, die einen ungeheueren Einflufs kraft ihrer Rückwirkung auf die physische Macht des Staates ausübt, während unter der Majoritätsherrschaft Streit und Kampf zwischen den beiden Parteien herrscht, die entweder in einem militärischen Despotismus oder in einer Spaltung in zwei Staaten ihr Ende finden mufs.

Ehe wir in der Darstellung der Lehre Calhouns fortfahren,

---

[1] p. 35.
[2] p. 37.
[3] p. 69.

wollen wir diesen Teil einer etwas eingehenderen Betrachtung unterziehen. Auf den ersten Blick scheint der Plan sehr zutreffend und anziehend. Ein Zustand des ewigen Friedens, ein Mittel, alle Streitigkeiten zwischen den Menschen zu beseitigen und aus den Streitigkeiten selbst die Liebe hervorzurufen, kurz und gut, eine Utopie — und was Calhoun schildert ist nichts anderes als eine solche — ist der Traum verschiedener scharfdenkender, aber nicht ganz praktischer Männer in verschiedenen Zeiten und Ländern gewesen. Worin diese Utopie liegt, wollen wir nun untersuchen. Erstens ist ihm die wahre Bedeutung des Prinzipes der Gleichheit vor den Gesetzen entgangen. Gleichheit in diesem Sinne kann nur bedeuten, dafs unter gleichen oder denselben Zuständen jeder von den Gesetzen in gleicher Weise getroffen wird. Eine Voraussetzung der Ungleichheit ist unvermeidlich. Calhoun hat mit diesem Gedanken recht, aber er hat ihn nicht zu Ende gedacht. Wenn jede Interessengruppe das Mitstimmungsrecht oder das Veto haben soll, ist es gar nicht ausgeschlossen, dafs ein Individuum seine eigenen Interessen gegenüber der staatlichen Gesetzgebung haben kann, welche es kraft seines Vetorechtes geltend machen würde. Und wenn einer dieses Recht besitzt, warum nicht mehrere und schliefslich alle? Unter dieser „concurrent" Majorität ist es möglich, dafs kein Gesetz zustande kommt, was nichts anderes ist als Anarchie, oder diejenigen Gesetze, die erlassen sind, treffen nicht gleichmäfsig alle, verfehlen also ihren Zweck.

Calhoun sah, dafs dies Prinzip im ganzen nicht durchführbar ist[1] — behauptete aber, dafs eine teilweise Durchführung sehr wünschenswert wäre; je mehr es zur Geltung käme, desto besser die Regierung, desto sicherer die Minorität in ihren Rechten. Doch hat er nie den Versuch gemacht, uns darzustellen, wie es durchzuführen wäre.

---

[1] p. 26.

Es ist nicht durchführbar, ist nicht praktisch und gleicht mehr den Träumen eines Metaphysikers, wie Calhoun oft genannt wird, als den ernsthaften Gedanken eines praktischen Staatsmannes.

Vorausgesetzt, dafs es einmal möglich wäre, diese Theorie in die Praxis zu übertragen, würde sie zu Folgerungen verleiten, die mit der Existenz und den Zwecken des Staates unvereinbar sind. Es ist ganz richtig, wenn Calhoun sagt, der Staat mufs Gewalt genug haben, um seinen Zweck zu erreichen, nämlich, Angriffe von aufsen zurückzuweisen und die Rechtsordnung nach innen zu garantieren. Die Erreichung dieser von ihm selbst gesetzten Zwecke unter einer „concurrent" Majorität ist von vornherein ausgeschlossen, — und das meiste, was Calhoun von seiner Kompromifstheorie versprechen kann, ist eine Vermeidung der vollen Anarchie[1]. Das letzte Motiv des Kompromisses ist die Furcht vor der Anarchie, welche das Schrecklichste für die Menschen ist.

Diese ganze Lehre ist ein Protest gegen das Majoritätsprinzip und den damit verknüpften Gedanken, dafs der Wille der Majorität der Wille der Gesellschaft sein soll. Das Calhounsche Prinzip der „concurrent" Majorität ist aber noch weniger zutreffend als das von ihm bekämpfte. Er betrachtet den Willen des Staates als die Summe der Willen der Einzelnen und sucht diesen Staatswillen, soviel wie möglich, dem Willen jedes Individuums anzupassen[2]. Er übersieht dabei, dafs der Staatswille etwas von der Summe der Willen aller oder der Majorität Verschiedenes ist, dafs der Staatswille auf verfassungsmäfsigem Wege durch

---

[1] p. 38. 67.
[2] p. 29. All admit, that a popular government, or democracy, is the government of the people; for the term implies this. A perfect government of the kind would be one which would embrace the consent of every citizen or member of the community. p. 181—182. Indeed the necessary effect of the concurrent majority is, to make the government more popular; that is, to require more wills to put it in action, than if any one of the majorities, of which it is composed, were its sole element.

die dazu bestimmten Organe zustande kommt. Unter der Leitung dieser falschen Vorstellung von der Natur des Staatswillens übersieht er, daſs in dem Versuch, den Staatswillen mit der Summe der individuellen Willen zu identifizieren, das Gegenteil erreicht wird, nämlich, daſs entweder der Staat keinen Willen hat, oder sein Wille mit dem Willen einer Minderheit der einzelnen Willen gleichbedeutend werden kann. Er protestiert gegen die Herrschaft der Majorität als etwas Ungerechtes, doch unterwirft er, wenn die Anarchie vermieden werden soll, die Menschen der Herrschaft einer Minorität, einer Interessenklasse, ja, eines einzelnen Individuums.

5. Elemente des Staates.

Rechtlich betrachtet sind die Elemente des Staates Gebiet, Volk und Staatsgewalt[1]. Sie werden von Calhoun, freilich nicht speziell in ihrer Eigenschaft als Elemente, einer Betrachtung unterzogen.

a) Staatsgebiet.

Daſs ein Staat ein Gebiet haben muſs, worauf er seine Tätigkeit als Herrscher entfalten kann, schien Calhoun selbstverständlich, oder vielmehr, die Möglichkeit eines Staates ohne Gebiet fiel ihm nicht ein oder schien ihm nicht der Mühe einer Untersuchung wert.

Er hatte nicht die Absicht, eine Lehre vom Staate zu schreiben. Wie er selbst sagte, unternimmt er nur die Lösung des Problems, wie ein Staat durch seinen „Organismus", seine Verfassung im engeren Sinne verhindert werden kann, die von Calhoun als notwendig bezeichneten Befugnisse der Staatsgewalt ins Mittel der Unterdrückung zu verwandeln[2]. Infolgedessen ist zu erwarten, daſs bei Calhoun manche Probleme der allgemeinen Staatslehre gar

---

[1] Vgl. Jellinek, S. 355 ff. und die dort angegebene Literatur.
[2] Calhoun Vol. I p. 11.

keine Berücksichtigung finden. Doch können wir aus der ganzen Schrift mit ziemlicher Sicherheit seine Lehre herauslesen.

Die Ausschliefslichkeit des Gebietscharakters ist in klarer Weise bewiesen durch die Unmöglichkeit einer Herrschaft zweier souveräner[1] Staaten über ein und dasselbe Staatsgebiet; selbst die scheinbare[2] Annahme in einem Bundesstaate, wie wir später sehen werden, ist nicht zulässig; vielmehr ist der Charakter der Ausschliefslichkeit für Calhoun ein Beweis der Unmöglichkeit eines Bundesstaates.

b) Das Staatsvolk.

Das Staatsvolk ist nach Calhoun der Staat selbst, bei dem Volke ruht alle Macht, es ist die Quelle aller Befugnisse, die zum Teil zu ihrer Ausübung der Regierung überlassen sind; nicht alle Befugnisse aber werden auf die Regierung übertragen, manche bleiben bei dem Volke selbst; dieses allein ist Herrscher, souveräner Herrscher. Die Regierung, die Staatsform, ist von ihm eingesetzt und es liegt in seinen Befugnissen, jederzeit die Staatsform zu ändern[3]; in dieser Änderung kommt seine Eigenschaft als Souverän, seine subjektive Qualität als Herrscher zum Ausdruck.

Das Volk ist aber gleichzeitig Untertan und hat eine klare ausgeprägte Qualität als solcher. Jeder ist verpflichtet, in erster Linie Gehorsam den eingesetzten Staatsorganen zu leisten, in letzter Linie dem Volke selbst, das seinen Willen durch eine „Convention" unmittelbar zum Ausdruck bringt. Calhouns Begründung der Volkssouveränität in Amerika ist sehr interessant und der Mühe einer Be-

---

[1] Vgl. unten für seine Theorie von der Souveränität. Das Wort „souverän" ist hier absichtlich gebraucht, weil er die Möglichkeit eines nicht souveränen Staates verneint.
[2] Jellinek a. a. O. S. 357.
[3] Calhoun Vol. I, p. 112. 119.

trachtung wert. Zur Zeit der Revolution waren die Kolonien rechtlich nur durch die gemeinsame Untertanschaft miteinander verbunden. Die Revolution verursachte allein die Änderungen, welche die Unabhängigkeitserklärung notwendig zur Folge hatte. Diese Änderungen waren von der gröfsten Wichtigkeit. Das erste und unvermeidliche Ergebnis war die Zerreifsung des Bandes zwischen dem Mutterlande und den Kolonien, die Aufhebung aller Autorität Englands und die Verwandlung der Kolonien in 13 unabhängige und souveräne Staaten. Sie wurden unabhängig und souverän, weil sie als Kolonien politisch voneinander getrennt waren, und die Souveränität einer jeden als eines gesonderten Gemeinwesens bei der englischen Krone ruhte; die notwendige Folge der Losreifsung von England war, dafs die Souveränität, die früher bei der englischen Krone ruhte, nicht auf die Regierungen, sondern auf das Volk der einzelnen Staaten übertragen wurde. Sie konnte nur auf das Volk übergehen; die Unabhängigkeitserklärung hatte alle Teile der englischen Regierung, aufser derjenigen, die ihre Autorität vom Volke erhalten hatte, beseitigt; nur die Volksvertretung blieb; aber eine aus der Volksvertretung entstandene Regierung kann, selbst wenn sie vollständig ist, nicht die Souveränität — die höchste und letzte Gewalt des Staates — in sich schliefsen. Das Wort „Vertretung" spricht es aus, dafs ein oder mehrere vertretene Individuen im Besitze höherer Befugnisse sich befinden, als die von ihnen mit einem Teil dieser Befugnisse Ausgestatteten — d. h. die Regierenden.

c) Die Staatsgewalt.

Jeder Staat bedarf eines den Zweck des Staates versorgenden Willens, der als die Staatsgewalt bezeichnet werden kann[1]. Diese Staatsgewalt ist nach Calhoun die

---

[1] Jellinek a. a. O. S. 386.

höchste; sie enthält in sich alle Staatsmacht. Ein Staat muſs in der Lage sein, alle seine Kräfte zu benutzen[1]. Die Staatsgewalt ist eine souveräne Gewalt und ist mit der Souveränität identisch; für Calhoun giebt es nur eine Art von Staatsgewalt und das ist die souveräne. Eine nicht souveräne Gewalt ist keine Staatsgewalt. Souveränität ist das wesentliche Merkmal eines Staates.

Sobald ein Staat seiner Souveränität beraubt wird, hört er auf, ein Staat zu sein; er sinkt zu einem untergeordneten Verbandswesen herab. Das Kriterium, nach welchem man das Vorhandensein oder Nichtvorhandensein der Souveränität festzustellen hat, ist die Möglichkeit, die jeder Verband, der sich Staat nennt, besitzen muſs, über seine eigene Kompetenz zu entscheiden.

In Calhouns Theorie von der Souveränität finden wir seine bedeutendste Abweichung von der geläufigen Lehre in Amerika. Schon bei den Verfassern des „Federalist" finden wir Spuren der Lehre von der geteilten Souveränität[2]; bei Tocqueville aber fand sie zuerst klare Ausprägung und allgemeine Anerkennung[3]. In Amerika wurde die Souveränität etwas anders aufgefaſst, wie in Europa[4]. In der Neigung nach der Demokratie, in dem Hasse gegen alles Monarchische, in der neuen Staatsform, die in Gestalt der Union geschaffen worden war, und in der Theorie von der Volkssouveränität suchte man die Grundlage für eine neue Gestaltung der Idee der Souveränität zu finden. Der Souveränitätsbegriff, wie er in Europa aufgefaſst wurde, schien den meisten in Amerika damals als die absolute Herrschaft eines einzigen Mannes. Die Befugnisse der Monarchen schlossen in sich die Souveränität; sie war demzufolge eine Einheit, in sichtbarer Form verkörpert; es war

---

[1] Calhoun a. a. O. p. 10, auch p. 17.
[2] Edition 1826, Hallowell, Nr. XXXII, p. 168 Hamilton.
[3] De la Democratie en Amerique, Paris 1835.
[4] Webster, Works Vol. III, p. 469.

nicht möglich, sie geteilt zu denken. Ganz anders aber war es in Amerika; die Volkssouveränität war etwas Vages, Unbestimmtes, Unklares. Man konnte sie nicht leicht begreifen; hauptsächlich war dies der Fall, weil sie nur in einem verfassungsgebenden oder ändernden Akte zum Ausdruck gelangte — ein Fall, der nicht sehr oft vorkam.

Mit dem neuen Gebilde, in der Verfassung der Bundesstaaten selbst, war noch ein Grund gegeben, warum der Souveränitätsbegriff seine ursprüngliche Klarheit verlieren konnte. Einerseits fühlte man sich an die alte Vorstellung vom Staate und von der Souveränität als wesentlichem Merkmal desselben gebunden. Andererseits aber waren zweierlei Staatsgebilde vorhanden: die Union und die einzelnen Staaten. Sie waren augenscheinlich Staaten, und von ihrem Charakter als Staaten war man überzeugt; sie konnten nicht ausschliefslich souverän sein; ein solcher Widerspruch war zu auffallend und es war nicht mit der Theorie von den delegierten und reservierten Befugnissen verträglich. Die Möglichkeit, dafs entweder nur die Union, oder die Einzelstaaten souverän sein konnten, schien durch ihren Charakter als Staaten überhaupt ausgeschlossen zu sein. Es blieb nur übrig, eine geteilte Souveränität zu konstruieren. Auf den ersten Blick ist eine geteilte Souveränität ebenso widerspruchsvoll, als eine doppelte Souveränität; aber es war viel leichter, den Widerspruch zu verschleiern. Die Befugnisse der Union waren delegierte; zwischen Union und Einzelstaaten waren die Befugnisse eines souveränen Staates verteilt; beide Seiten innerhalb der Sphäre ihrer Befugnisse waren voneinander unabhängig; — mit andern Worten, die Union war souverän bezüglich ihrer Befugnisse, aber so auch die einzelnen Staaten bezüglich der ihrigen; also Union und Einzelstaaten zusammen machten erst eine vollkommene Souveränität aus.

Diese Lehre ist bis in die letzte Zeit die herrschende in Amerika geblieben. Die Lehre Calhouns ist eine der wenigen Ausnahmen in dieser Hinsicht. Es unterliegt für ihn keinem Zweifel, was die Souveränität sei; sie ist ein in sich geschlossenes Ganzes, eine Einheit; sie zu teilen hiefse sie vernichten[1].

Calhoun behauptet, dafs, obwohl die Souveränität selbst nicht geteilt werden kann, doch die „powers of sovereignty" zur Ausübung unter mehreren geteilt werden. Das Volk eines solchen Staates ist souverän, überträgt aber die Ausübung seiner Befugnisse auf verschiedene Organe — auf die Regierung der Union und die der Staaten[2].

Calhoun mufste sich zu einer der folgenden Annahmen entschliefsen: geteilte Souveränität, doppelte Souveränität, die Union souverän, die Staaten nicht oder umgekehrt. Aber die Theorie der geteilten Souveränität schien ihm ebenso widerspruchsvoll, wie die der doppelten Souveränität; es blieb nur die dritte Möglichkeit übrig, und es war nicht zu zweifeln, welchem von beiden — der Union oder den Einzelstaaten — er die Souveränität zuschreiben würde; er verneint den Staatscharakter der Union und behauptet die Souveränität der einzelnen Staaten.

Indem Calhoun die Möglichkeit eines nicht souveränen Staates leugnet, leugnet er dadurch die Möglichkeit eines Bundesstaates überhaupt, dessen einzige logische Grundlage in der Existenz nichtsouveräner Staaten liegt.

[1] p. 146. How sovereignty itself — the supreme power can be devided — how the people of the several States can be partly sovereign, and partly not sovereign, partly supreme and partly not supreme, it is impossible to conceive. Sovereignty is an entire thing; — to divide is — to destroy it. There is no difficulty in understanding how powers appertaining to sovereignty, may be devided; and the exercise of one portion delegated to one set of agents, and another portion to another.

[2] p. 145/146.

Drittes Kapitel.
Die juristische Natur der Union.

Calhoun sucht die juristische Natur der Union aus zweierlei Quellen abzuleiten: Erstens aus den geschichtlichen Vorgängen und zweitens aus der Verfassung[1]. Wir wollen diesen beiden Quellen unsere Aufmerksamkeit widmen.

1. Die geschichtlichen Vorgänge.

Wie wir wissen, wurde die gegenwärtige Verfassung der Vereinigten Staaten von einer beratenden Konvention geschaffen, die in Philadelphia in dem Jahre 1787 tagte und von welcher die Verfassung dem Kongrefs, von diesem den Legislaturen und von diesen letzteren den Konventionen der einzelnen Staaten zwecks Annahme oder Ablehnung übergeben wurde. Die Verhandlungen und die Ergebnisse dieses Kongresses verdienen eine eingehende Untersuchung, da Calhoun seine Theorie zum gröfsten Teil darauf stützt.

a) Die Konvention.

Calhoun behauptet, dafs die Konvention nur zu dem Zwecke allein berufen, die „articles of confederation" zu ändern, dafs sie die Absicht nicht gehabt hat, etwas anderes als eine Revision der „articles of confederation" vor-

---

[1] Calhoun Vol. I p. 114 ff.

zunehmen, und dafs es nicht in den Befugnissen der Konvention lag, mehr als dieses zu tun; infolgedessen ist es anzunehmen, dafs die von ihr beratene Verfassung und die daraus folgende Union nichts anderes ist, als die „articles of confederation", nur soweit amendiert, dafs sie den Verhältnissen besser entsprechen.

In dem ersten Punkt müssen wir dem Wortlaut nach Calhoun recht geben[1]; diesem zufolge hatte die Konvention keine Befugnisse, die „articles of confederation" zu beseitigen und eine neue Form der Union, eine neue Staatsform an ihre Stelle zu setzen. Die Frage ist also, ob die Konvention an den Instruktionen festhielt und wenn nicht, womit sie eine Abweichung von denselben rechtfertigen wollte? Wenige Tage nach dem Zusammentreten der Konvention wurde der Entwurf einer Verfassung, ein Plan, von Randolph, einem der Vertreter Virginiens eingebracht und von der Konvention der „Comittee of the whole" überwiesen und von dieser genehmigt und der Konvention empfohlen[2].

Dieser Plan enthielt eigentlich Bestimmungen für eine neue Art von Union und zwar im ersten Paragraphen, welcher folgendermafsen lautet: Resolved, that it is the opinion of this committee that a national government ought to be established, consisting of a supreme legislative, judiciary and executive.

Die volle Bedeutung dieses Paragraphen wird erst dann klar, wenn wir uns vergegenwärtigen, dafs Patterson aus New Jersey auch einen Plan eingebracht hatte[3], dessen erster Paragraph lautet: Resolved, that the articles of Confederation ought to be revised, corrected and enlarged, so as to render the federal Constitution adequate to exigencies of government, and the preservation of the Union.

---

[1] Vgl. Foster p. 21. Stephens Vol. I p. 92. 100 auch in Elliots Debates und 2. Ed. Philadelphia 1901 Vol. I p. 120.
[2] Elliot's Debates Vol I p. 150. 181—183. Vol. V p. 120 ff.
[3] Elliot's Debates Vol. I p. 175—177.

IV. 2. 43

Die zwei Pläne wurden der „Comittee of the whole" überwiesen und gleichzeitig beraten, — die Tatsache, dafs die Pläne widersprechende Absichten enthielten, war der Konvention nicht entgangen, und in den Debatten waren sie einander gegenüber gestellt[1]; der Plan Randolphs als eine Abweichung von den in der Resolution des Kongresses erhaltenen Instruktionen, als „national", während der Plan Pattersons als „federal" anerkannt wurde. Der Unterschied zwischen einem „federal" und einem „national government" wurde von Gouverneur Morris sehr treffend hervorgehoben: er sagte, dafs ein „federal" System nur ein Vertrag sei, der auf dem guten Willen der Kontrahenten beruhte, während ein „national" System eine vollständige und zwingende Wirksamkeit habe[2]. Mit voller Erkenntnis der Wichtigkeit und der Bedeutung ihres Vorgehens und mit fester Entschlossenheit schritt die Konvention zu der Annahme des Plans Randolphs und damit einer neuen Unionsform.

Es gab zwei Parteien in der Konvention[3]; die eine wollte eine starke Zentralregierung, die andere eine schwache. Die letztere war meistens aus den Kleinstaaten zusammengesetzt, welche Angst hatten, dafs sie in einem stark zentralisierten Staate ihren Einflufs und ihre Individualität verlieren würden und infolgedessen traten sie energisch für eine Erweiterung blofs der Articles of confederation ein,

---

[1] Elliot's Debates Vol. I p. 410. — Yates Minutes. Mr. Lansing is of opinion that the two systems are fairly contrasted. The one now offered (Pattersons) is on the basis of amending the federal government, and the other (Randolphs) to be reported as a national government. p. 411. In the first, the powers are exercised as flowing from the respective state governments, the second deriving its authority from the people of the respective states.
[2] Elliot's Debates Vol. V p. 133. Mr. Gouverneur Morris explained the distinction between a federal and a national supreme government; the former being a mere compact resting on the good faith of the parties, the latter having a complete and compulsive operation. He contended, that in all communities there must be one supreme power and one only.
[3] Hildreth, History of the U. S. Revised edition Vol. III p. 485 ff.

um dadurch die Unabhängigkeit und Souveränität der einzelnen Staaten zu bewahren. Es ist aber nicht stichhaltig, wenn Calhoun sagt, dafs die Mitglieder der Konvention zwischen den zwei Meinungen, „national" und „federal" geteilt gewesen seien, dafs die „federal" Partei zuletzt gesiegt habe, und als Beweis dafür hervorhebt, dafs das Wort „national", das zuerst im Plane der Verfassung in dem oben angegebenen Paragraphen Platz gefunden habe, ausgestrichen war und „United States" an seine Stelle gesetzt wurde[1].

Mit der Ausstreichung des Wortes „national" ist es gar nicht gesagt, dafs die Konvention ihre Meinung geändert habe und nunmehr zu der alten Unionsform zurückkehren wolle[2]. Es war vielmehr eine Konzession von den Grofsstaaten an die Eifersucht der Kleinstaaten; sie nannte den durch die Verfassung ins Leben gerufenen Staat nicht „national", doch war er de facto national, freilich weder im Sinne Calhouns als Einheitsstaat, noch in dem Mafse wie wir heute ihn als national betrachten; dies ist das Resultat einer politischen Entwicklung im Laufe mehr als eines Jahrhunderts.

Der Irrtum Calhouns liegt in der Verkennung der Möglichkeit einer mit Staatscharakter versehenen Mittelform zwischen einem Einheitsstaat und einer Konföderation[3].

Die Väter der Verfassung wollten eine Zentralregierung gründen, aber nur in dem Mafse, wie es für die Existenz und die Wohlfahrt der Einzelstaaten zuträglich und förderlich war. Bestehen der Union oder Auflösung des Bundes waren die zwei Möglichkeiten. „Sie dachten, dafs

---

[1] Calhoun p. 113—114.
[2] Elliot's Debates Vol. I p. 183; Vol. V p. 189—214. Hier ist eine volle Diskussion der zwei Pläne zu finden und was von dem Wort „national" gesprochen war. Die Änderung im Wortlaut von „national" zu „United States" war mit Einstimmigkeit augenommen — ein Beweis dafür, dafs keine Änderung in der Meinung der Konvention beabsichtigt war.
[3] Calhoun p. 121.

eine Union nötig wäre und beabsichtigten, sie eben in dem nötigen Mafse zu gründen"[1]. Die Zustände in den „Articles of confederation" waren unerträglich geworden und die Union konnte nur von kurzer Dauer sein, wenn anders nicht eine Besserung eintrat.

Die Mitglieder der Konvention waren sich dessen wohl bewufst und wenige Tage nach ihrem Zusammentreffen beschlossen sie, wie wir gesehen haben, nicht an der Resolution des Kongresses festzuhalten und nur Amendements der „Articles of confederation" vorzunehmen, sondern einen ganz neuen Plan auszuarbeiten[2].

Die Konvention war blofs eine beratende Versammlung; die Verfassung, wie sie aus ihren Beschlüssen hervorging, war kein bindendes Staatsgrundgesetz, sie war nur ein Projekt einer künftigen Verfassung, das erst zu einer Verfassung wird, — nicht durch Annahme seitens des Kongresses und der Legislaturen, wie es in der Resolution des Kongresses bestimmt war, sondern seitens der Konventionen der einzelnen Staaten, die für diesen Zweck vom Volke gewählt waren[3].

Der Kongrefs und die Legislaturen waren zuständig, Änderungen in den „Articles of confederation" vorzunehmen. Die Schöpfung eines neuen Staatswesens konnte nur durch das Volk als Souverän geschehen[4]. Hierin lag die Rechtfertigung der Handlungweise der Konvention: wenn die Verfassung einmal von dem Volke angenommen war, dann war alles recht, dann macht es keinen weiteren Unterschied, ob sie nach den Instruktionen des Kongresses ver-

---

[1] Woodrow Wilson, The State, 1893. p. 476. In §§ 872—883 findet man in kurzer Form eine ausgezeichnete Schilderung der Entwicklung des Nationalgefühls und des Charakters der Union. Vgl. Bryce, American Commonwaelth, Vol. I, p. 402—404.
[2] Federalist, No. XXII, p. 123. Hamilton, No. XXXVII, p. 196 Madison.
[3] Elliot's Debates Vol. I p. 181.
[4] Calhoun p. 165. Er gibt das zu, sieht aber keine Rechtfertigung darin; es war nur notwendig wegen der delegierten Befugnisse.

fahren ist oder nicht[1]. Es ist nicht richtig, wenn von Calhoun behauptet wird, dafs die Konvention keine andere Absicht gehabt habe, als Änderungen in den „Articles of confederation" vorzunehmen, — oder wenn er auf den Mangel an Befugnissen der Konvention als Beweis für den konföderierten Charakter der Union hinweist.

b) Die Annahme der Verfassung.

Als nächsten Beweis für den „federal" Charakter der Union führt Calhoun die Annahme der Verfassung seitens der Staaten an[2]. Wie wir gesehen haben, erfolgte diese durch Konventionen, die in jedem Staate vom Volke des betreffenden Staates für diesen Zweck gewählt wurden. Die Annahme erfolgte in den verschiedenen Staaten zu verschiedenen Zeiten; sie galt nur für den Staat, der sie angenommen hatte, und nur dann, wenn die Verfassung im ganzen von neun Staaten angenommen wurde; das souveräne Volk jedes Staates nahm die Verfassung der Union an in derselben Weise, wie es seine Staatenverfassung für sich angenommen hatte; in dem ersten Falle war es eine Willenseinigung, im zweiten war es ein von anderen Staaten völlig unabhängiger Akt. Darin liegt der einzige Unterschied, welcher kein juristischer, sondern ein faktischer ist; wenn das der Fall ist, dann bleibt die juristische Natur der Union unverändert, falls keine Änderung in der Verfassung selbst vorgesehen war. Die Annahme der Verfassung allein liefs die Souveränität der Staaten unverändert; nur die Ausübung einiger ihrer souveränen Befugnisse wurde durch die Verfassung auf die Union übertragen. Auf diese Weise schlossen die Staaten einen völkerrechtlichen Vertrag miteinander ab, wobei ein Bund gegründet wurde, dessen juristischer Charakter identisch war mit dem der „Articles of confederation", worin ausdrücklich erklärt war, dafs

---

[1] Hildreth a. a. O. p. 485 ff.
[2] Calhoun p. 119.

jeder Staat seine Souveränität unvermindert beibehalte[1]. Ein tatsächlicher Unterschied aber von höchster Bedeutung war vorhanden[2] — ein Unterschied, der diesen Bund von allen anderen Konföderationen abweichen liefs. Früher wurde nämlich die Leitung der Angelegenheiten der Konföderationen aller Zeiten einem Kongrefs von Gesandten oder einem ähnlich konstruierten gemeinsamen Organ überlassen, während in den Vereinigten Staaten diese Angelegenheiten von einer Regierung erledigt wurden, die nach dem Umfange der delegierten Befugnisse der Regierung eines Einheitstaates gleich kam. Eine Regierung sei vorhanden, aber kein Staat. Nur die einzelnen Staaten als solche seien da — nur sie seien souverän und infolgedessen seien sie allein Staaten; die Union könne nicht Staat sein. Sie ist nach Calhoun nur ein Bund, der auf völkerrechtlichem Vertrag beruht, mit der Eigentümlichkeit aber, dafs durch diesen Vertrag eine selbständige Regierung geschaffen würde. Ferner gibt es, wie er selbst sagt, kein solches Gemeinwesen in politischem Sinne, wie das Volk der Vereinigten Staaten, als ein Volk oder eine Nation betrachtet[3].

Das Einsetzen einer Regierung hat grofse Bedeutung: erstens indem es „eine neue Quelle für die delegierten Befugnisse und die Autorität erfordert, von welcher das diese Befugnisse delegierende Instrument, die Verfassung, ratifiziert sein soll"[4].

Die frühere Organisation der Konföderation, der Kongrefs, war von den Regierungen der Staaten eingesetzt. Dazu waren sie unbedingt kompetent, weil es in den Bereich des Vertrages fiel; für die Einsetzung einer Verfassung und einer Regierung aber waren sie nicht mehr zuständig.

---

[1] p. 149.
[2] p. 162 ff.
[3] p. 162.
[4] p. 164.

Nur das souveräne Volk, das Volk jedes einzelnen Staates, führt Calhoun aus, hat das Recht, Verfassungen zu geben; deswegen mufste diese Verfassung vom Volke ratifiziert werden; und zwar ist die Unionsverfassung die Verfassung aller Staaten, aus dem Grunde, weil sie eben die Verfassung eines jeden von ihnen ist; sie ist nicht die Verfassung eines einzigen Staates, weil sie die Verfassung aller jener Staaten insgesamt ist [1].

Ein neues Moment in der Unionsverfassung war, dafs nunmehr kraft der Annahme vom Volke der Staaten die Union aufhörte, eine Union der Regierungen der Staaten zu sein und zu einer Union der Staaten selbst wurde, wo Volk und Staat als identisch betrachtet werden.

Diese Änderung was es, die „eine vollkommenere Union" herbeiführte. Wäre man weiter in den Einheitsbestrebungen fortgefahren, dann hätte eine Konsolidierung der Staaten, nicht der Union, stattgefunden, und dadurch wäre die Union vernichtet worden [2]. Eine weitere Änderung in den früheren politischen Verhältnissen war dadurch herbeigeführt, dafs die Notwendigkeit eintrat, eine schärfere Grenze zwischen den Befugnissen der Union und denen der Staaten zu ziehen; die ersteren waren genau aufgezählt, die letzteren in weniger bestimmter Weise festgesetzt [3]. Noch eine Veränderung, die mit der erwähnten verknüpft ist, erfolgte in dem Verhältnis der Regierungen der Staaten zu der Körperschaft, zu der Regierung, die sie in ihrem konföderierten Charakter repräsentierte. Unter den „Articles of confederation" war der Kongrefs die Schöpfung der Regierungen und stand in dem Verhältnisse eines Untergeordneten zu einem Übergeordneten; — jetzt aber waren beide, Regierung der Union und Regierung der Staaten, Schöpfungen des souveränen Volkes und standen in dem Verhältnisse der Nebenordnung. Endlich, da eine Regierung über-

---

[1] p. 167/168.
[2] p. 165/166.
[3] p. 166.

haupt eingesetzt wurde, bedurfte sie als Regierung in erster Instanz der Kompetenz, über ihre Befugnisse zu entscheiden und der Macht, direkt auf die Individuen zu wirken.

Was blofs die Annahme der Verfassung seitens der Staaten anbelangt, müssen wir mit Calhoun übereinstimmen, dafs durch diesen Akt allein die juristische Natur des Bundes nicht notwendigerweise geändert war. Wir brauchen nur die Verfassung der konföderierten Staaten 1861/1865 ins Auge zu fassen[1], um zu sehen, dafs es möglich ist, einen Staatenbund durch die Annahme einer Verfassung zu gründen, — dafs dieser Bund eine Verfassung haben kann, kraft welcher eine Regierung eingesetzt wird, die in allem der Regierung eines Einheitsstaates gleicht, die direkt auf die Individuen einwirkt, und nur in dem Punkte allein sich von einem Staat unterscheidet, dafs die Staaten ihre Souveränität behalten.

Dieser Unterschied, welchen Calhoun zwischen einer solchen Organisation von Staaten, wie die Vereinigten Staaten „a federal government", und einer gewöhnlichen Konföderation oder Staatenbund macht, kommt uns als eine Fiktion vor. Es ist, als ob Calhoun den staatlichen Charakter der Union nicht gänzlich absprechen konnte; er sah sie im täglichen Leben, er nahm selbst lange Jahre hindurch teil an ihren Tätigkeiten. Er wufste, dafs das Gefühl des einheitlichen Staatscharakters im Bewufstsein des Volkes sehr lebendig war, und hier sehen wir, dafs dieses Gefühl in ihm selbst, obwohl unbewufst, vorhanden und trotz seiner Theorie nicht zu beseitigen war.

Der Staatscharakter für die Union war mit seiner Theorie nicht vereinbar; die Union aber handelte wie ein Staat und besafs viel ähnliches mit einem Staate, anderseits aber waren die Einzelstaaten als solche da und fungierten als solche; viel ähnliches mit einer Konföderation hatten sie

---

[1] Jellinek, Staatenverbindungen. S. 194 ff.

auch. Um dieses gemeinsame Element zu erklären, ohne sich in Widersprüche zu verwickeln, erfindet Calhoun den Begriff von „federal government."

2. Aus der Verfassung.

Wenn aus den geschichtlichen Vorgängen und der Absicht der Konvention sowie aus der Annahme der Verfassung durch die Einzelstaaten kein Beweis für eine Änderung der juristischen Natur der Union erbracht werden darf, dann bleibt nur übrig, diesen Beweis aus der Verfassung selbst abzuleiten; sollte das nicht möglich sein, dann freilich ist die Union unbedingt kein Staat.

Calhoun beginnt mit der Einleitung[1] zu der Verfassung: „we the people of the United States — wir das Volk der Vereinigten Staaten — do ordain and establish this constitution, — ordnen und errichten diese Verfassung" es sind Phrasen, die oft gebraucht worden sind, um den Charakter der Union als Nichtkonföderation zu begründen. Wenn wir, das Volk, eine Verfassung anordnen und errichten, ist es ein Widersinn zu sagen, daſs die Verfassung von den Staaten errichtet gewesen sei. Wenn das der Fall sein soll, warum waren die Namen der Staaten nicht aufgezählt: „we the people of New York, Massachusetts etc.?" Diese Weglassung der Namen ist leicht zu erklären: in dem Entwurfe der Verfassung waren die Namen aufgezählt, aber nachdem in die Verfassung die Bestimmung aufgenommen wurde, daſs die Verfassung in Geltung treten soll, sobald sie von neun Staaten angenommen worden war, dann ging es nicht mehr an, die Namen aufzuzählen, weil niemand wuſste, welche von den dreizehn Staaten die Annahme bewilligen würden. Auch das Volk der Vereinigten Staaten kann ebensogut das Volk eines Gemeinwesens, wie das Volk der einzelnen Staaten bedeuten; und „the United States" kann ebensogut bedeuten

---

[1] Calhoun p. 132.

die einzelnen Staaten als Summe von selbständigen Staaten, als auch die Staaten im Sinne einer Einheit.

Aus dem Wortlaut allein ist also kein Schluſs zu ziehen; der Text der Verfassung kann in gleicher Weise als Beweis für beide Ansichten in Anspruch genommen werden.

Es ist ferner behauptet worden, daſs die Worte „ordain and establish"[1] sich mit der Theorie, daſs die Verfassung ein Vertrag sei, nicht vereinbaren lassen. Am Anfang, wird behauptet, habe die Verfassung den Charakter eines Vertrages zwischen den Staaten gehabt; durch die Ratifikation aber habe sie aufgehört, Vertrag zu sein und sei nunmehr Verfassung, Gesetz geworden[2], und die Staaten seien nicht mehr Mitglieder einer konföderierten Union, sondern flössen in ein Gemeinwesen zusammen, in welchem sie als untergeordnete Bestandteile erschienen.

Zum Beweise, daſs die Worte „ordain and establish" nicht unvereinbar mit der Vertragstheorie sind, führt Calhoun den Teil der Einleitung zur Verfassung an, wo als Zweck der Verfassung bezeichnet ist: „to form a more perfect union": die Union vollkommener zu machen — nicht sie zu vernichten und einen Einheitsstaat an ihrer Stelle zu errichten[3].

Als einen neuen Beweis aus der Verfassung führt er den Artikel VII an, worin es heiſst, daſs die Annahme von neun Staaten genügen soll, um die Verfassung zwischen den sie ratifizierenden Staaten, „between the states ratifying" in Kraft zu setzen. Das, was zwischen einzelnen Staaten besteht, also diese Verfassung, kann diesen Staaten nicht übergeordnet sein. Die Staaten haben die Verfassung ratifiziert, die Autorität aber, welche „anordnet und errichtet",

---

[1] p. 134.
[2] Vgl. Webster, Works, Vol. III p. 468. The Constitution, Sir, is not a contract, but the result of a contract; meaning by contract no more than assent.
[3] p. 136 ff.

ist höher, als jene, welche angeordnet und errichtet wird. Ein Resultat der Ratifikation war, dafs die Verfassung zum Vertrag zwischen den Staaten wurde, und als solcher eine bindende Kraft erhielt, aber auch nur als ein Vertrag[1].

Überall in der Verfassung ist dieselbe Tendenz zu finden; die Staaten als solche sind anerkannt, sie wählen die Senatoren, sie bestimmen und wählen die „Electors", die Wahlmänner, für die Präsidentenwahl etc.

Der Artikel VII aber, führt Calhoun weiter aus, worin die Möglichkeit einer Verfassungsveränderung vorgesehen wurde, ist der stärkste Beweis für die Existenz der Staaten und zugleich für die Nichtexistenz der Union als Staat[2]. Da wo die Befugnis einer Änderung der Verfassung vorhanden ist, in der Gewalt, welche die Macht besitzt, die Verfassung zu amendieren oder gänzlich abzuschaffen, ist die Souveränität gelegen, ein Satz, den wir rückhaltslos billigen können. Wenn Calhoun verstanden hätte, ihn richtig anzuwenden, dann hätte er vielleicht eine richtige Theorie entwickelt. Dieser Artikel der Verfassung lautet folgendermafsen: Alle Amendements sollen gültig sein, wenn sie von den Legislaturen $^3/_4$ der Staaten oder von Konventionen in $^3/_4$ davon, wie die eine oder die andere Methode vom Kongrefs vorgeschrieben ist, angenommen sind"[3]. Es kann keinem Zweifel unterliegen, dafs Calhoun nicht recht hat, wenn er daraus folgert, dafs das „Volk der einzelnen Staaten die höchste Gewalt, die Souveränität noch behalten hätte"[4].

Wenn das Volk eines jeden Staates souverän ist, dann haben wir soviel Souveräne wie Staaten, damals 30, heute 45, und jeder Staat würde das Recht haben, die Verfassung zu amendieren, was aber im Widerspruch mit der Bestimmung der Verfassung steht.

---

[1] p. 130 ff.
[2] p. 138 ff.
[3] Verfassung Art. V.
[4] Calhoun p. 138. Story, On the constitution of the W. S. Vol. I p. 241.

Diese Schlufsfolgerung wird keineswegs dadurch beseitigt, dafs Calhoun sagt, dafs die Staaten aus praktischen Zweckmäfsigkeitsgründen und ihres gegenseitigen Vorteils halber durch Vertrag ihre Souveränität insoweit modifiziert haben[1]. Er selbst kann die Folgerung nicht vermeiden: er sagt, es ist anerkannt, dafs der Souverän durch Vertrag die Ausübung seiner Gewalt modifizieren kann, ohne seine Souveränität dadurch zu vermindern[2]; die Befugnisse aber, die durch Vertrag geäufsert sind, bleiben nur solange veräufsert, als dadurch die Interessen der Staaten gefördert werden; ferner sagt er, dafs die Staaten nicht die Absicht gehabt hätten, dieses souveräne Recht — ein Recht, welches sie trotz der Verminderung behalten — der beliebigen Änderung der Verfassung und der Regierung zu veräufsern. In der Tat verhält es sich so, dafs $^{3}/_{4}$ der Staaten, als Organe der Union fungierend[3], die Souveränität besitzen.

Kurz zu erwähnen ist Artikel drei, Absatz drei, betreffend Hochverrat, in welchem Calhoun dem Ausdrucke „die Vereinigten Staaten" dieselbe Bedeutung beilegt und infolgedessen den Staatscharakter ausschliefslich den einzelnen Staaten zuschreibt[4].

Infolge der Identifizierung der Staatsgewalt mit der Souveränität und Voraussetzung dieser letzteren als eines wesentlichen Merkmales des Staatsbegriffes kommt Calhoun auf nur zwei Möglichkeiten für die Erklärung der juristischen Natur der Vereinigten Staaten: entweder einfach Einheitsstaat oder aber Einheitsstaaten in einem völkerrechtlichen Bunde vereinigt; — so mufs es in der Union entweder Einzelstaaten im Bunde, wobei die Union nicht als Staat, sondern blofs als Regierung auftritt, geben, oder die Union als Einheitsstaat, wobei die Einzelstaaten zu untergeordneten Verwaltungsbezirken herabsinken.

---
[1] p. 138/139.
[2] p. 138/139.
[3] Jellinek, System der subjektiven öffentlichen Rechte, S. 289. Dicey, The Law of the Constitution 2. Ed. p. 136.
[4] Calhoun p. 149.

Viertes Kapitel.

Die Folgerungen aus der Theorie Calhouns.

Wie wir gesehen haben, geht Calhoun von dem Standpunkte aus, dafs die Verfassung ein Vertrag ist, und dafs die Staaten ihre Souveränität behalten haben. Dies ist der Eckstein, die erste und wichtigste, aber nicht die einzige Grundlage seiner Theorie; die Dreiteilung der Gewalten und die „delegierten und reservierten" Befugnisse haben ihren nicht unbedeutenden Platz in seinem System.

Die Ausführungen über die Dreiteilung[1] der Gewalten sind für uns von geringerem Interesse, weil sie nichts Neues enthalten. Calhoun gibt die alte Theorie Montesquieus wieder in ihrer Anwendung auf Amerika, sowohl auf die einzelnen Staaten, als auf die Union.

Auf Einzelheiten eingehend zeigt er, wie die drei Gewalten, die Exekutive, die Legislative und die Rechtsprechung zusammengesetzt sind; wie die zwei Elemente, nämlich die Staaten als solche, und das Volk, „reckoned in federal numbers," d. h. alle freien Bürger plus drei Fünftel der übrigen, d. h. die Sklaven, ihren Anteil an der Zusammensetzung der Gewalten nehmen, und zwar in der Weise, dafs jede Gewalt ein Vetorecht jedem anderen gegenüber ausübt und dadurch das Gleichgewicht des Systems aufrecht erhält.

---

[1] p. 175 ff.

IV. 2.

Mit der Lehre von der Souveränität der Staaten ist auch die Lehre von der verfassunggebenden und gesetzgebenden Gewalt in Betracht zu ziehen[1]. Bei der Errichtung der Union war die Einteilung des Landes in unabhängige und souveräne Staaten von höchster Bedeutung[2], weil in ihr eine Basis vorhanden war, ohne welche es nicht möglich wäre, eine Union überhaupt zu gründen; doch wäre eine solche Teilung an und für sich nicht genügend. Die aus dem Prinzip der Volkssouveränität fliefsende Teilung in verfassunggebende und gesetzgebende Organe mufste noch herangezogen werden; ohne diese war eine Union im Calhounschen Sinne unmöglich. Das Volk als Souverän hat in den verschiedenen Staaten, jedes für sich, eine Verfassung in Kraft gesetzt; es war als das alleinige für den verfassunggebenden Akt zuständige Organ anerkannt; das normale gesetzliche Organ war durch die Verfassung ins Leben gerufen, alle seine Befugnisse waren kraft der Verfassung erhalten; nur innerhalb des Rahmens der Verfassung konnte es sich bewegen; es war an die Bestimmungen derselben gebunden; darüber hinaus war es nicht kompetent. Anderseits war das Volk souverän, allmächtig, und es lag in seiner Macht, alles auf dem Wege des verfassunggebenden Aktes vorzunehmen. Das Volk war der Schöpfer, das gesetzgebende Organ seine Schöpfung, und wegen dieser seiner Eigenschaft war es im Falle eines Konfliktes nicht denkbar, dafs das gesetzgebende Organ seinen Willen durchsetzen könnte.

Durch die Anwendung dieses Prinzipes allein vermochten die Männer von 1787 eine Union im wahren Sinne des Wortes zu gründen; mit Hilfe dieses Prinzipes aber war es sehr einfach. Das souveräne Volk jedes Staates hat sich mit dem jedes anderen Staates verabredet, ein gemeinsames gesetzgebendes Organ einzusetzen, oder genauer

---

[1] Calhoun p. 191 ff.
[2] p. 194 ff.

gesagt, eine gemeinsame Verfassung, kraft welcher sie ein gemeinsames gesetzgebendes Organ haben würden, ins Leben zu rufen. Diese Verfassung, bezw. dieses Organ beruht auf derselben Basis, wie die Staatsverfassung, bezw. die gesetzgebenden Organe der Staaten, nämlich auf dem Willen des souveränen Volkes eines jeden Staates. Infolgedessen standen die Zentralregierung und die Regierung der Einzelstaaten nicht im Verhältnis von Über- und Untergeordneten, sondern im Verhältnis der Nebenordnung, — sie alle sind Schöpfungen des souveränen Volkes. Daraus ergibt sich die Unmöglichkeit eines Vorangehens der Willensäufserungen der Union vor den Willensäufserungen der Staaten ipso iure.

Unzertrennlich von dieser Teilung in gesetz- und verfassunggebende Gewalt ist die Unterscheidung der delegierten und reservierten Befugnisse[1]; nicht minder bedeutend ist sie auch für die letzten Konsequenzen, die Calhoun aus seiner Lehre von der Union zieht. Das Volk überträgt aus der Fülle seiner Macht bei jedem verfassunggebenden Akt einige von seinen Befugnissen zu ihrer Ausübung der ins Leben gerufenen Regierung. Hier findet eine doppelte Übertragung der Befugnisse statt — auf die Union und auf die Regierungen der einzelnen Staaten. Wie ist nun die Kompetenz zwischen den zweierlei Regierungen geregelt? Erstens durch Auszählen derjenigen Befugnisse, welche auf die Union übertragen sind. Weil die Zentralregierung Träger der von mehreren Staaten übertragenen Rechte ist, müssen ihre Befugnisse genau aufgezählt werden, um möglichst Streitigkeiten zu vermeiden. Dafs dies der Fall ist, kann man ohne weiteres aus dem Verfassungstext selbst ersehen. Die Befugnisse der Union sind nicht nur durch die Aufzählung abgegrenzt, sondern es sind ihr auch Einschränkungen auferlegt: es ist der Zentralregierung unter-

---

[1] p. 199 ff.

sagt, bestimmte Handlungen vorzunehmen. Um die Grenze noch genauer zu bestimmen, sind verschiedene Einschränkungen, Verbote, den Staaten auferlegt. Endlich ist in Artikel 10 erklärt, dafs „die Befugnisse, die den Vereinigten Staaten durch die Verfassung nicht übertragen sind, und die nicht durch dieselbe den Staaten vorenthalten sind, den einzelnen Staaten oder dem Volke reserviert bleiben[1]." Trotz aller dieser Mafsregeln, meint Calhoun, werden Konflikte über die Kompetenz entstehen. Eine Regierung ist kein so mechanisches Ding, dafs sie innerhalb der ihr gesetzten Grenzen bleibt; die Regierungshandlung ist immer eine menschliche Handlung, und hier sowohl wie in individuellen Handlungen kommen die alten natürlichen Eigenschaften der Menschen zum Ausdruck.

Das Streben, eigene Interessen auf Kosten anderer zu fördern, bleibt immer bestehen. Die Zentral- und die Einzelregierungen suchen ihre Sphäre auszudehnen: Einschränkungen der Befugnisse und Aufzählung der Rechte reichen nicht zur Vermeidung von Kompetenzstreitigkeiten aus, denn diese beruhen auf Vernunfts- und Gerechtigkeitsgründen. Wenn Vernunft und Gerechtigkeit aber imstande wären, die Menschen zu beherrschen, dann wäre eine Regierung überhaupt unnötig und überflüssig. Jede Regierung mufs für ihren Charakter als Regierung die Befugnis haben, in erster Instanz über ihre Kompetenz zu entscheiden[2]; auch das Recht, die Entscheidung betreffend ihre Kompetenz gegen alle Opposition durchzusetzen, mufs ihr zur Verfügung stehen. Anders verhält es sich aber mit einem System von Regierung, wenn die Befugnisse zum Teil zwischen zweierlei Arten von Regierungen geteilt werden, zum Teil beim Volke geblieben sind. In diesem Falle kann keine von den Regierungen überhaupt das Recht haben, die Ent-

---

[1] Verfassung, Art. X. The powers not delegated to the United States by the Constitution, nor prohibited by it to the States, are reserved to the States respectively or to the people.
[2] Calhoun p. 242.

scheidung betreffend ihre Kompetenz durchzusetzen, wenn ein Konflikt entstanden ist; erstens deswegen, weil es nicht mit dem Verhältnis der Nebenordnung übereinstimmt; der Begriff der Nebenordnung schliefst doch den der Über- und Unterordnung aus, und bedeutet notwendigerweise die Gleichstellung. Eine Regierung aber mit dem Rechte auszustatten, nicht nur über eigene Kompetenz zu entscheiden, sondern auch über die ihr nebengeordnete Regierung und ihre Entscheidung gegen die andere durchzusetzen, hiefse nicht nur die Gleichstellung zwischen ihnen vernichten, sondern auch eine von beiden einer Eigenschaft, die jeder Regierung innewohnt, berauben; nämlich in erster Instanz über ihre Kompetenz zu entscheiden. Das Resultat wäre, die eine von einer gleichgestellten zu einer übergeordneten zu erheben; — die andere zu einer untergeordneten zu degradieren und dadurch, dafs sie ein integrierendes Merkmal des Staates verliert, sie zu einer abhängigen Körperschaft herabzubringen. Ferner behauptet Calhoun, geschehe das nicht in Übereinstimmung mit der Natur der Teilung der Gewalten, die überhaupt einer Teilung widerspreche. Die eine Regierung mit einem Teile der Gewalt auszustatten und der anderen den übrigen Teil zu überlassen und einer von beiden das ausschliefsliche Recht der Machtverteilung zu verleihen, das wäre in der Tat keine Teilung. Das Mafs der Rechte der einen Regierung würde in diesem Falle etwas vollständig von der Willkür des anderen Abhängiges sein [1]. Wenn aber die rechtlichen Verhältnisse sich nicht so gestalten, wie eben angenommen worden ist, und also wirklich ein Kompetenzstreit zwischen der Union und einem einzelnen Staat möglich ist, wie ist dieser Streit zu entscheiden? Keine von beiden Regierungen hat das Recht, ihre Behauptungen durchzusetzen. Es mufs einen Stillstand geben; in einem gedeihlichen Staate aber ist ein solcher negativer Zustand nicht möglich: es mufs irgendwo eine

---

[1] p. 243.

entscheidende Macht vorhanden sein. Die Lösung des Problems findet Calhoun in den reservierten Befugnissen[1] der Einzelstaaten.

Die Union hat nur diejenigen Befugnisse, die ihr ausdrücklich zugeteilt sind; die Befugnis, Streitigkeiten dieser Art zu erledigen, ist ihr nicht gegeben, noch ist sie den einzelnen Staatsregierungen zugesprochen; sie muſs demzufolge beim Volke geblieben sein. Wenn die Staaten souverän sind, dann ist es unmöglich, daſs ein Richter über ihnen steht, sonst wären sie nicht souverän. Das Recht, über ihre eigene Kompetenz zu entscheiden, ist das wesentliche Merkmal ihrer Souveränität; daher ist es mit der Natur der Union unvereinbar, daſs das Obergericht in Kompetenzstreitigkeiten zwischen der Union und einem Staate zuständig sei[2].

Man hat nun versucht, die Zuständigkeit dieses Gerichtshofes aus dem Artikel VII, Absatz 2[3] der Verfassung abzuleiten. Der Paragraph lautet: „Diese Verfassung und die Gesetze der Vereinigten Staaten, welche ihr gemäſs zu stande gekommen sind, und alle Verträge, welche unter der Autorität der Vereinigten Staaten abgeschlossen sind, sollen die höchsten Gesetze des Landes sein; und die Richter in jedem Staate sollen dadurch gebunden sein, ungeachtet der Bestimmungen der Verfassung oder der Gesetze eines Staates."

Die Erklärung dieses Artikels nach Calhoun ist folgende[4]: in seiner Natur ist er bloſs „declaratory" (declarativ); dadurch ist keine neue Befugnis auf die Union übertragen; ohne diesen Artikel waren die Verfassung, die verfassungsgemäſsen Gesetze und die Verträge höchstes Gesetz des

---

[1] Calhoun p. 236.
[2] Für die Zuständigkeit des Obergerichts vgl. Dicey, The Law of the Constitution. 2. Ed. Lecture IV p. 126—153. Federalist No. 39 Madison p. 212. 215. „It is true, that in controversies relating to the boundary between the two jurisdictions, the tribunal which is ultimately to decide, is to be established under the general government". No. 78, p. 434 ff. Hamilton.
[3] Art. VI § 2.
[4] p. 252.

Landes und für den Richter der Staaten bindend — sonst wäre die Union unmöglich. „Ihre, d. h. der Unionsgesetze Suprematie fliefst aus der Natur des Verhältnisses zwischen dem „federal government" und den einzelnen Staaten, und ihren Verfassungen und Gesetzen. Wo zwei oder mehrere Staaten eine gemeinsame Verfassung und Regierung schaffen, mufs die Autorität dieser innerhalb der Grenzen der delegierten Befugnisse notwendigerweise die höchste sein, soweit es die eigenen Verfassungen und Regierungen der dabei beteiligten Staaten betrifft. Diese Obergewalt ist aber nicht eine absolute . . . . . . sie reicht nicht über die delegierten Befugnisse hinaus. „Die Obergewalt über dieses Mafs auszudehnen, und sie über die reservierten Befugnisse in irgend welcher Weise oder auf irgend welchem Wege — sei es durch die Regierung selbst oder durch ihre Departements — zu erweitern, hiefse das System vernichten durch die Häufung aller Gewalten in den Händen der einen oder der anderen Regierung [1]".

Zur Unterstützung der Behauptung, dafs die Union das Recht hat, ihre Entscheidung über ihre Kompetenz gegen die Entscheidung der einzelnen Staaten durchzusetzen, wird unter anderem Art. 3 Absatz 2 der Verfassung herangezogen. Dieser Artikel bestimmt, dafs „the judicial power shall extend to all cases, in law and equity, arising under this Constitution the laws of the United States, and treaties made or which shall be made, under their authority; . . . . to controversies to which the United States shall be a party; to controversies between two or more States, between a state and citizens of another state, between citizens of different states, between citizens of the same state claiming lands under grants of different states, and between a state or the citizens there of, and foreign states, citizens, or subjects" [2].

---

[1] p. 257.
[2] Die Übersetzung ist von Rüttimann a. a. O. Bd. I S. 429. Die richterliche Gewalt soll sich ausdehnen über alle Fälle von Gesetz und

IV. 2.

Calhoun teilt den Artikel in zwei Teile, hinsichtlich des Stoffes, the subjects matter, und der streitenden Parteien, the parties litigant. Was das erste anbelangt, stellt der Artikel nur einen Versuch dar, die Kompetenz der Gerichte mit der Verfassung und den Departements der Regierung gleichzustellen in allen Fällen, welche sich unter deren Bestimmungen ergeben, aber nicht mehr. Und das Wort „Fälle, cases," hat eine technische Bedeutung; es bezieht sich nur auf solche Fragen, die von dem Richter entschieden werden können[1]. In diesem Artikel aber findet man keine Ermächtigung der Union, die Staaten vor ein Gericht zu stellen und infolgedessen hat die richterliche Gewalt keine Autorität, die Auffassung der Unionsregierung gegen die eines Staates geltend zu machen.

Wie steht es mit dem zweiten Teil des Artikels? Finden wir da eine Bestimmung, kraft welcher die richterliche Gewalt zuständig ist in Kompetenzstreitigkeiten zwischen den nebengeordneten Regierungen? Keineswegs! Daſs weder die Regierung der Union noch die der Staaten gegen ihren Willen angeklagt werden können, ist ein Satz, der zweifellos durch keine Bestimmung des Artikels aufgehoben worden ist.

Weiter kann man noch die Behauptung finden, daſs das Obergericht kraft seines Rechtes, die Verfassungsmäſsigkeit aller Gesetze zu prüfen, das Recht hat, alle Fragen

---

Billigkeit, die unter dieser Konstitution, unter den Gesetzen der Vereinigten Staaten und den unter der Autorität derselben gemachten oder noch zu machenden Verträgen sich ereignen; ... über Streitigkeiten, worin die Vereinigten Staaten eine Partie bilden, über Streitigkeiten zwischen zwei oder mehreren Staaten, zwischen einem Staate und den Bürgern eines andern Staates, zwischen den Bürgern verschiedener Staaten, zwischen Bürgern ein und desselben Staates, welche auf Ländereien, die ihnen unter Rechtstiteln von verschiedenen Staaten gewährt worden sind, Ansprüche machen, und zwischen einem Staate oder dessen Bürgern und fremden Staaten, deren Bürgern oder Untertanen.

[1] p. 259. Nor is it less manifest that the word „case" being a well — defined technical term, is used in its proper legal sense; — and embraces only such questions as are judical in character that is, questions in which the parties are amenable to the process of the courts.

zu entscheiden, in welchen ein Konflikt zwischen der Verfassung, den Gesetzen und Verträgen der Union und jenen der Staaten bestehen kann. Dieses Recht gibt Calhoun zu, aber er leugnet, daſs dieses Recht nur dem Obergericht zusteht, oder daſs das Urteil für andere als die Parteien bindend ist. Jedes Gericht, der Staaten sowohl wie das der Union, hat dieses Recht. Das Urteil des Obergerichtes als höchste Instanz ist für die Parteien bindend, aber nicht für die Union und die Staaten, weil sie einander ohne gegenseitige Zustimmung nicht vor Gericht stellen können.

Schlieſslich wird behauptet, daſs der Kongreſs das Recht hat, über Kompetenzstreitigkeiten der Union und der Staaten zu entscheiden[1]. Diese Befugnis wird nicht aus irgend einem Artikel der Verfassung abgeleitet, sondern aus der jeder Regierung innewohnenden Befugnis, über ihre Kompetenz zu entscheiden und ihre Entscheidung durchzusetzen. Bei einer solchen Annahme wird übersehen, daſs hier ein Unterschied vorhanden ist zwischen einer mit allen Befugnissen ausgestatteten Regierung und den einander nebengeordneten Regierungen, zwischen welchen die Befugnisse geteilt sind. Wenn eine von den nebengeordneten Regierungen dieses Recht hat, dann hat die andere es auch, und das Resultat ist, entweder ein gegenseitiges Veto, a mutual negative, einer jeden Regierung gegenüber den Handlungen der anderen, oder aber das Recht einer jeden, ihre Entscheidung durchzusetzen. Dieses letztere Recht haben sie, wie oben dargetan ist, nicht. Daraus folgt notwendigerweise, daſs, wo die zwei Regierungen sich in Kompetenzstreitigkeiten befinden, keine von beiden in der Lage ist, ihre Entscheidung durchzusetzen. Diese Sachlage hat die Erhaltung der Befugnisse einer jeden der beiden Regierungen innerhalb der ihr gesetzten Grenzen zur Folge. Nur eben dadurch wäre es möglich, daſs die

---

[1] p. 265.

einzelnen Staaten, als die schwächeren, sich gegen die
Union schützen, es sei denn, dafs jeder Staat ein Mitstimmungsrecht in der Gesetzgebung besitzen würde [1].
Warum dies Recht ihm nicht überlassen worden ist, ist
wahrscheinlich daraus zu erklären, dafs unter so vielen
Staaten eine Organisation dieser Art die Union in solchem
Grade hätte abschwächen müssen, dafs sie ihre Zwecke
nicht erfüllen könnte. Dieses Prinzip ist in dem allgemeinen
Teil erörtert; hier findet er eine zweckmäfsige Anwendung.
Es war nicht umsonst, dafs Calhoun eine Theorie von der
„Constitutional" oder „Concurrent" Majorität entwickelte,
wobei jede Interessengruppe ihr Vetorecht haben sollte. Der
Gegensatz zwischen den wirtschaftlichen Interessen der
Nord- und der Südstaaten liefs darüber keinen Zweifel,
dafs eine für die Anwendung dieser Theorie höchst passende
Gelegenheit vorhanden war. Im allgemeinen soll in jedem
konstitutionellen Staate, im Gegensatz zu einem absoluten,
jede Interessengruppe im stande sein, sich gegen alle
anderen, einzeln oder in Vereinigung mit anderen zu
schützen: der Union gegenüber soll jeder Staat dieses
Recht geniefsen. Zu welchem Unheil dieses Prinzip führen
würde, haben wir schon früher versucht des näheren auszuführen. Was die Union selbst betrifft, soweit die Sicherheit und Dauer dieser in Betracht kommt, würde es ebenso
verhängnisvoll sein können; eine Machtlosigkeit, die nicht
fähig wäre, das Kleinste zu erreichen, wenn die Zustimmung
jedes Staates erforderlich wäre. An der Tatsache dieser
Schwäche wird dadurch nichts geändert, dafs die Union auf
jeden einzelnen unmittelbar einwirkt. Gesetzt den Fall,
dafs ein Streit zwischen der Union und einem Staate besteht, und die Union ihre Befehle an die einzelnen ohne
Vermittlung des Staates erlassen kann, so wird doch der
Union kein Gehorsam gezollt werden, falls der Staat das
Gegenteil befohlen hat, weil die Union die Schöpfung,

---

[1] p. 266.

die Staaten die Schöpfer sind; in letzter Instanz wird „Allegiance" „Untertanentreue und -pflicht" dem Staate geschuldet. — Calhoun sah, dafs dieser Einwand der Kraftlosigkeit gemacht werden konnte und er versuchte ihm die Spitze abzubrechen mit der Gegenbehauptung, dafs, wo eine Teilung der Befugnisse — sei es zwischen den Departement, oder zwischen den nebengeordneten Regierungen — stattfindet, auch ein Streit entstehen mufs[1]. Es ist ein unvermeidlicher Nachteil aller konstitutionellen Staaten. Wir müssen alles wie es ist, gut oder schlecht, akzeptieren. Es gilt zwischen dem absoluten und dem konstitutionellen Staate zu wählen, mit den ihnen beiden innewohnenden Nachteilen. Die Vorteile beider können wir nicht vereinigen. Obwohl es zugegeben werden mufs, dafs Konflikte unzertrennlich von einer Teilung der Gewalten sind, so ist doch nicht damit gesagt, dafs dieses gegenseitige Veto der Regierungen die Zahl der Konflikte vergröfsern oder zur Auflösung der Union führen würde. Das ist alles im ersten Teil von Cahouns Schrift des näheren dargetan. Das Prinzip des Kompromisses hat hier seine grofse Rolle zu spielen, eine Rolle aber, die unvereinbar ist mit der vorausgesetzten Eigenschaft der menschlichen Natur — nämlich dem Egoismus. Es wird ferner von Calhoun als ein Grundprinzip aller konstitutionellen Staaten hingestellt, dafs, je stärker die Regierung, desto stärker mufs auch die negative Gewalt sein, um die Regierungsgewalt innerhalb ihrer Sphäre einzudämmen; und je stärker die Regierung, desto besser sei sie, wenn zugleich die negative Gewalt verhältnismäfsig stark ist.

Die Stärke der Union, wie sie von der Majorität der Staaten unterstützt wird, ist eine ungemein grofse und bedarf deshalb als Gegengewicht eines starken negativen Momentes. Die Gefahr liegt mehr in der Schwäche der negativen

---

[1] p. 367 ff.

Gewalt als in ihrer Stärke. Das Parteileben, durch welches eine starke Minorität auf Seite der Union in jedem Staate hervorgerufen wird, die Tatsache, daſs jeder Beamte der Union und zum gröſsten Teil der Staaten den Eid leistet, die Verfassung aufrecht zu erhalten, und schlieſslich der Umstand, daſs das Obergericht als Gerichtshof letzter Instanz zwischen den Parteien fungiert, machen die Gefahr eines Miſsbrauches des Vetorechtes zu einer minimalen[1].

Aus der Souveränität der einzelnen Staaten, die den Vertrag abgeschlossen haben, darf nicht geschlossen werden, daſs sie keine Einschränkung auf die Ausübung ihrer Souveränität sich selbst auferlegt hatten. Einschränkungen aus eigenem Willen vermindern durchaus nicht die Souveränität und sind in der Verfassung tatsächlich vorhanden; innerhalb der Sphäre der delegierten Befugnisse haben die Staaten sich verpflichtet, in keiner Weise sich zu betätigen und die Verfassung aufrecht zu erhalten. Weiter sind sie nicht in der Ausübung ihrer Souveränität beschränkt, und als Teilnehmer an dem Vertrag haben sie das Recht zu entscheiden, inwieweit sie durch die Obliegenheiten, die durch den Vertrag bestimmt sind, gebunden seien. Dieses Recht ist unmittelbar aus der Natur des Vertrages abzuleiten[2]. Mit diesem Recht vereinigt sich ein anderes von hoher Bedeutung; das Recht zu entscheiden, ob ein Akt des „federal government" oder ihrer Departements mit den Bestimmungen der Verfassung vereinbar ist, und wenn dies nicht der Fall, den Akt für verfassungswidrig und deshalb für null und nichtig zu erklären[3]. Wenn die Verfassung ein Vertrag ist, dann besitzen diese Behauptungen Calhouns eine unbedingte Geltung. Nicht nur diese, sondern auch seine weitere Behauptung, nämlich, daſs die Staaten berechtigt sind, innerhalb ihrer Grenzen einzuschreiten, um einen Akt des „federal government" zu verhindern, ebenso

---

[1] p. 271 ff.
[2] p. 277.
[3] p. 278.

berechtigt sind sie, zu bestimmen, in welcher Weise und in welchem Mafse das stattzufinden hat; — ohne dieses Recht wären alle die anderen wertlos[1] . .

Dies ist Calhouns berühmte Nullifikationstheorie und es ist nur zu betonen, dafs Calhoun soviel wie möglich die Schärfe dieser Theorie zu mildern sucht. Als höchstes Recht der Staaten kommt dieses Recht äufserst selten zur Anwendung und zwar nur dann, wenn der Akt der Union „a plain and palpable infraction of the instrument", ein klarer und evidenter Verfassungsbruch ist; von diesem Recht wird auch dann nicht Gebrauch gemacht, wenn der Verfassungsbruch keinen sehr gefährlichen Charakter hat und dem Anschein nach durch kein anderes Mittel zu heilen ist[2]. Dieses Recht kommt dann nicht zur Anwendung, wenn der Verfassungsbruch zwar gefährlich, aber durch irgend eine andere Mafsnahme zu beseitigen ist.

Es gibt aber keine Garantien dafür, dafs die Staaten dieses Prinzip beobachten würden: — es kann keine geben. Wenn Calhoun die Tatsache, dafs die Majorität der Staaten immer auf der Seite der Union steht, als das hervorragendste und wichtigste Gegenmittel dem Mifsbrauch dieses Rechtes gegenüber hervorhebt, so scheint es uns nicht besonders überzeugend zu sein[3]. Der Fall seines Heimatsstaates, Südkarolina, 1833, ist der stärkste Beweis gegen seine Behauptung.

Trotz aller dagegen vorgebrachten Einwände ist und bleibt das Recht der Nullifikation ein revolutionäres, kein verfassungsmäfsiges[4]!

Die Hilfsmittel für den Fall eines Mifsbrauches findet Calhoun in Art. V der Verfassung betreffend die Befugnis, Änderungen in der Verfassung vorzunehmen[5]. Der Satz

---

[1] p. 279.
[2] p. 280.
[3] p. 281.
[4] Webster a. a. O. p. 490.
[5] Calhoun p. 284.

ist unbestritten, daſs in einer Konföderation, in welcher die Staaten ihre Souveränität behalten, kein Staat ohne Ratifikation der Verfassung seinerseits gebunden wird; es folgt daraus, daſs die Bestimmungen der Verfassung ohne die Zustimmung eines jeden Staates nicht geändert werden können. Warum dieses Prinzip in Art. V nicht durchgeführt war, ist dadurch zu erklären, daſs es nicht für richtig gehalten wurde, das Schicksal aller Staaten durch einen, kleinen oder groſsen, Staat bestimmen zu lassen; daſs die Zustimmung von ³/₄ der Staaten verlangt wurde, ist aus der früheren Praxis unter dem „Article of Confederation" und aus der Sicherheit einerseits und der genügenden Leichtigkeit, mit der die Verfassungsänderung vorgenommen werden kann, andrerseits zu erklären. Insoweit hat jeder Staat aus Rücksicht auf die Wohlfahrt der übrigen die Ausübung seiner Souveränität beschränkt.

In dem Falle eines Kompetenzstreites oder der Negierung eines verfassungwidrigen Aktes der Union von einem Staate, kurz einer Anwendung der Nullifikationsmethode, findet folgender Prozeſs statt. Wegen der Unmöglichkeit, daſs einer der beiden Staaten seine Ansprüche geltend machen kann, tritt ein Stillstand ein. — Es ist vorauszusetzen, daſs die Mehrzahl der Staaten auf Seite der Union stehen würde, sonst würde das betreffende Gesetz sofort auſser Kraft gesetzt und die Frage erledigt sein [1]. Ferner ist es ein unbestrittener Satz, daſs derjenige, der einen Anspruch auf ein Recht erhebt, die Pflicht hat, dieses Recht gegenüber der Partei, welche es verneint, zu beweisen; und wo eine höhere, entscheidende Autorität vorhanden ist, muſs er seine Berufung an diese nach den vorgeschriebenen Formen einlegen nnd seinem Anspruch durch diese höhere Autorität Geltung verschaffen.

Da alle die Befugnisse der Union genau aufgezählt sind, wird der Staat in der Regel im Rechte sein.

---

[1] p. 296 ff.

Da die Union stets von der Majorität unterstützt wird, ist sie immer im stande, Änderungen vorzuschlagen, während der Einzelstaat, als der Minorität angehörig, das nicht kann[1]. Es wäre unvernünftig, diese Pflicht der Minorität, die dazu nicht befugt ist, aufzuerlegen.

Es gibt noch einen Grund, warum diese Pflicht der Union auferlegt ist; die Union wird nie eine Berufung im Falle eines Streites einlegen, wenn sie nicht dazu gezwungen wird, und sie wird es in keinem Falle gern tun, es sei denn, um die Befugnisse, die sie durch Auslegung der Verfassung erworben, zu sichern. Wenn der Staat die Berufung einlegen mufs, übt inzwischen die Union die im Streit stehenden Befugnisse aus und wird alle Mittel anwenden, eine Änderung des Tatbestandes zu verhindern; ohne das Einschreiten seitens der Union aber kann der Staat, da er in der Minorität ist, die Berufung nicht einlegen. Andrerseits wird die Union, wenn sie die Berufung einzulegen hat, sich beeilen, dieselbe sobald wie möglich auszuführen, um die strittigen Befugnisse ausüben zu können. Die Union also hat die Pflicht, die „amending power" in Tätigkeit zu setzen. Ist die Entscheidung zu Gunsten des Staates ausgefallen, so ist die von der Union vorgeschlagene Änderung nicht angenommen, ist die in Streit stehende Befugnis ihr nicht zugesprochen worden, dann mufs die Union das von ihr beanspruchte Recht aufgeben; wenn aber die Verfassungsänderung angenommen wird, und diese „Änderung innerhalb der Grenzen der „amending power" fällt, ist der Staat verpflichtet, nachzugeben"[2]. Wenn die Grenzen überschritten werden, wenn die Änderung nicht mit dem Charakter der Verfassung und ihrer Zwecke oder mit der Natur des Systems vereinbar ist, dann ist es anders. In diesem Falle ist der Einzelstaat nicht verpflichtet, nach-

---

[1] Kraft Art. V der Verfassung mufs die Majorität beider Häuser des Kongresses, oder 2/3 der Legislaturen der einzelnen Staaten Vorschläge für Verfassungsänderungen machen.
[2] p. 301.

zugeben. Er kann wählen, ob er in der Union verbleiben will oder nicht. Sezession ist das letzte Ergebnis einer Theorie von der vertragsmäfsigen Natur der Verfassung und der Souveränität der einzelnen Staaten.

Schlufs.

Der Einflufs der Lehre Calhouns auf Amerika ist zweifelsohne ein sehr grofser gewesen; für mehr als 20 Jahre, während welcher Zeit er einer der hervorragendsten Staatsmänner war, widmete Calhoun sein ganzes Talent der Verteidigung dieser Theorie. Solchen „intellectual giants", wie Webster und Clay, war er gleichgeartet. Er verstand es sehr gut, seine Meinung im Kampfe mit Webster in dem Senat zu vertreten. Die geistreichsten Reden Websters waren in der Kontroverse mit Calhoun entstanden. Südkarolina folgte Calhoun blind, und die anderen Südstaaten leisteten ihm ebenfalls Folge.

In seinem letzten Lebensjahre fafste Calhoun die Ergebnisse seines Denkens in einer systematischen Form zusammen, das Werk ist aber erst nach seinem Tode erschienen, und es ist als die Basis aller folgenden Schriftsteller und Politiker auf diesem Gebiet anzusehen. Den Versuch, Calhouns Theorie praktisch zu verwirklichen, finden wir in dem Kriege 1861—1865. Die leitenden Männer, wie Jefferson Davis, der Präsident, und Alexander Stephens, der Vizepräsident der „Confederate States", waren seine Schüler. Sie haben seiner Theorie nichts Neues hinzugefügt.

Es ist besonders zu beachten, dafs Calhoun allein eine selbständige Theorie auf diesem Gebiet in den Vereinigten Staaten entwickelt hat. Alle andern von Hamilton an haben das ihrige in so mangelhafter Weise dargeboten, dafs es für keine entwickelte Theorie gehalten werden kann, oder sie haben versucht, die bestehenden Ansichten in ein System zusammenzufassen, und dies nur betreffs der bundesstaatlichen Natur der Union.

Calhouns Arbeit war bis dahin die einzige, welche die

Natur der Union als eines Staatenbundes wissenschaftlich zu begründen suchte. Was nach ihm geschrieben wurde, ist blofs eine Wiederholung seiner Argumente. Selbst in Europa ist der Theorie Calhouns nichts wesentlich Neues hinzugefügt worden, — sie ist von Max von Seydel[1] unverändert aufgenommen, ohne Rücksicht auf die Verschiedenheit der politischen Verhältnisse, — zugegeben, dafs die Lehre Calhouns theoretisch richtig sei, versuchte v. Seydel sie auf das Deutsche Reich anzuwenden.

Nähme man selbst an, dafs die Lehre Calhouns theoretisch richtig sei, so hat v. Seydel sie doch ohne Berücksichtigung der Verschiedenheit der politischen Verhältnisse auf das Deutsche Reich anzuwenden versucht.

---

[1] Seydel, Der Bundesstaatsbegriff, in der Zeitschrift für die gesamte Staatswissenschaft, Bd. 28, 1872.

Printed by Libri Plureos GmbH
in Hamburg, Germany